MANA

Titel von Almut Irmscher in der Reise-Lesebuch-Reihe:

Das **Island**-Lesebuch	(978-3-95503-127-5)
Das **Norwegen**-Lesebuch	(978-3-95503-130-5)
Das **Dänemark**-Lesebuch	(978-3-95503-133-6)
Das **Irland**-Lesebuch	(978-3-95503-136-7)
Das **Schottland**-Lesebuch	(978-3-95503-139-8)
Das **England**-Lesebuch	(978-3-95503-142-8)
Das **Portugal**-Lesebuch	(978-3-95503-146-6)
Das **Italien**-Lesebuch	(978-3-95503-149-7)
Das **Griechenland**-Lesebuch	(978-3-95503-152-7)
Das **Schweden**-Lesebuch	(978-3-95503-177-0)
Das **Kroatien**-Lesebuch	(978-3-95503-180-0)
Das **Toskana**-Lesebuch	(978-3-95503-183-1)
Das **Namibia**-Lesebuch	(978-3-95503-200-5)
Das **Nordsee**-Lesebuch	(978-3-95503-215-9)
Das **Ostsee**-Lesebuch	(978-3-95503-212-8)
Das **Spanien**-Lesebuch	(978-3-95503-209-8)
Das **Sardinien**-Lesebuch	(978-3-95503-231-9)

Titel von Gunhild Hexamer in der Reise-Lesebuch-Reihe:

Das **Kanada**-Lesebuch – Der Osten	(978-3-95503-186-2)
Das **Kanada**-Lesebuch – Der Westen	(978-3-95503-189-3)
Das **Kalifornien**-Lesebuch	(978-3-95503-203-6)
Das **USA**-Lesebuch	(978-3-95503-218-0)

Titel von Almut Irmscher in der City-Lesebuch-Reihe:

Das **Wien**-Lesebuch	(978-3-95503-234-0)
Das **Rom**-Lesebuch	(978-3-95503-237-1)
Das **Hamburg**-Lesebuch	(978-3-95503-240-1)

Bibliografische Information der Deutschen Nationalbibliothek
Die Deutsche Nationalbibliothek verzeichnet diese Publikation in der Deutschen Nationalbibliografie. Detaillierte bibliografische Daten sind im Internet unter http://dnb.dnb.de abrufbar.

Titelfoto: iStock-539115110-vwalakte (Kolosseum)
Bilder im Innenteil: Almut Irmscher
Umschlag, Satz, Layout: MANA-Verlag
Druck: Dardedze, Riga, EU
ISBN: 978-3-95503-237-1

Almut Irmscher

Das Rom-Lesebuch

Impressionen und Rezepte

aus der Ewigen Stadt

Inhalt

Einführung

Ich stehe auf einer Dachterrasse und schaue über die Stadt. Mit stetem Brausen und dem Lärm von Hupen und Sirenen singt sie ihr ewiges Lied, einen Satz in der Sinfonie, die sie seit vielen Jahrhunderten unermüdlich erklingen lässt. Nur ihre Instrumente hat sie im Lauf der Zeiten gewechselt. Einst sind es wohl laute Rufe, rollende Fuhrwerksräder, Hufgeklapper und marschierende Legionärsfüße gewesen. Doch ruhig war es bestimmt niemals über den Dächern von Rom, der Weltenherrscherin. Rom ist die Mutter unserer abendländischen Kultur, das Machtzentrum der Antike, das Herz der Christenheit und die Muse der Schönheit. Rom ist eine nie versiegende Quelle von Inspiration, Lebensfreude und Genuss, aber auch von Machtwillen, Prestigesucht, Intrigen und Gewalt.

Ich habe immer geglaubt, diese Stadt gut zu kennen. Schon als Kind bin ich zum ersten Mal hier gewesen, und drei Wochen lang führten meine kulturbeflissenen Eltern mich durch die Gassen von Rom. Dabei hielten sie stets den Baedeker in der Hand, keine Kirche, kein barockes Monument, kein antiker Stein blieb unerklärt. Viele Male bin ich seither zurückgekehrt, Rom ist mir eine alte Vertraute.

Und doch ist es immer wieder neu, wartet an jeder Ecke mit Überraschungen auf, verzaubert und reizt die Sinne unermüdlich aus einem nie versiegenden Füllhorn, sodass es mir fast den Atem raubt. Rom ist ein Spektakel, eine Weltbühne von einzigartiger Pracht.

Ich blicke über seine Dächer hinweg, ein buntes Mosaik aus üppig begrünten Dachgärten, brüchigen Ziegeln, neugierig herauslugenden Fenstern, überragt von Kirchtürmen, von großen und kleinen Kuppeln, von turmhohen Pinien. Über all dem thront die weiße Silhouette des Vittorio-Emanuele-II.-Denkmals wie ein aufrüttelnder Paukenschlag, der fast etwas zu gewollt an die vergangene Weltmacht der Antike gemahnt. Und die herrliche Kuppel des Petersdoms als imposanter Fingerzeig des Geltungsanspruchs der römisch-katholischen Kirche.

Während die sinkende Sonne dieses prächtige Gemälde allmählich in goldenes Licht taucht, genieße ich den Anblick und denke, tatsächlich, Rom muss wohl wirklich die Ewige Stadt sein. Schon seit vorchristlicher Zeit schmückt es sich stolz mit dem Attribut, „ewig“, also unvergänglich zu sein. Dies ist Ausdruck des unerschütterlichen Selbstbewusstseins der Römer, die keinen Zweifel daran hegten, dass ihre Metropole ein Günstling der Götter sein müsse, von Jupiter selbst zur Herrscherin über alle Zeiten bestimmt.

Und ging auch die antike Macht verloren, so blieb doch Roms Bedeutung als Zentrum von Kunst und Kultur durch die Jahrhunderte hindurch erhalten. Das ist vor allem dem Einfluss der römisch-katholischen Kirche geschuldet, der großen Machthaberin des Mittelalters, deren Dreh- und Angelpunkt fast immer Rom gewesen ist.

Deshalb blieb Rom auch stets ein Schmelztiegel der Kulturen und der Völker. Die Römer der Antike brachten Sklaven aus aller Herren Länder in ihre Heimatstadt, und diese blieben, sodass ihre Nachfahren selbst zu Römern wurden. Im Mittelalter sorgten der Glaube, der Handel und die Politik für Zulauf aus ganz Europa und dem Mittelmeerraum. Und heute kommen Menschen von allen Kontinenten. Rom ist eines der beliebtesten Touristenziele weltweit, hinzu kommt die enorme

Schar frommer Pilger. Um die neun Millionen Gäste finden sich alljährlich in der Drei-Millionen-Metropole ein.

Deshalb quellen Altstadt, Museen, Ausgrabungsstätten, Kirchen und allen voran der Petersdom und die Vatikanischen Museen geradezu über vor Besuchern. Unablässig und zu allen Tages- und Nachtzeiten füllen diese wie ein Strom bunter Ameisen die Gassen der Stadt. Die Römer, so scheint es, tragen es mit Fassung. Sie gehen nonchalant darüber hinweg oder ziehen geschickt ihren Nutzen aus der unerschöpflichen Quelle wirtschaftlichen Potenzials, genau wie die allgegenwärtigen Straßenhändler. Waren diese in meiner Kindheit noch Süditaliener, die Dias, Postkarten und dergleichen an den Reisenden zu bringen versuchten, so haben sich inzwischen meist illegale Einwanderer auf diesen Geschäftszweig spezialisiert. Findig und umtriebig bieten sie – ganz nach jeweiligem Bedarf – bei Regen einfache Taschenschirme, bei Hitze gekühlte Getränke, an romantischen Abenden rote Rosen und ansonsten billige Selfie-Sticks und sonstigen Nippes an. Die Stadt versucht, dem oft ziemlich aufdringlichen Gebaren dieser Händler durch strikte Verbote beizukommen, genau wie den als Legionäre verkleideten Schlitzohren, die Touristen für ein gemeinsames Foto einen unverschämt hohen Obolus abverlangen.

Schier unüberschaubar ist das Angebot an mehr oder weniger noblen Geschäften, an Restaurants, Schnellpizzerien und Souvenirläden in der historischen Mitte von Rom. So mutiert die Altstadt zu einem einzigen großen Jahrmarkt der Möglichkeiten, die Reisekasse schleunigst zu erleichtern. Dass Roms Herz angesichts dieses schillernden Gedränges überhaupt noch leben und pulsieren kann, verdankt es einer städtischen Verordnung, der zufolge innerhalb bestimmter Grenzen der Altstadt nur solche Kraftfahrzeuge verkehren dürfen, deren Halter zuvor eine saftige Gebühr entrichtet haben. Und das sind immer noch erstaunlich viele.

Doch in all diesem Durcheinander, dem Chaos und der Kakophonie bewahrt sich Rom dennoch seine Würde, seine Gelassenheit und seinen Charme. Das verdankt es vielleicht der stolzen Selbstgewissheit, die es in den Jahrtausenden gewonnen hat, vielleicht der mediterranen Leichtigkeit, vielleicht auch dem beruhigenden Wissen um die eigene Ewigkeit – oder einer Mischung aus alldem.

Rom war die erste Weltstadt, die ich als Kind kennenlernen durfte. Ich habe danach noch viele andere große Städte besucht. Fragt man mich, welche davon mir am besten gefallen hat, so möchte ich antworten wie einst Audrey Hepburn in der Filmlegende „Ein Herz und eine Krone" von 1953. Zögernd beginnt sie mit den wohlüberlegten Worten: „Jede auf ihre Art...", um dann alle Diplomatie und kluge Gewandtheit mit erlöstem Lächeln fallen zu lassen. Seufzend schmilzt sie dahin und bekennt frei heraus: „Rom!"

Begleiten Sie mich auf eine Reise durch diese wunderbare Stadt. Sammeln wir ein paar Eindrücke und Erlebnisse, ohne dabei jemals dem Anspruch gerecht werden zu wollen, ein umfassendes Bild von Rom zu gewinnen. Denn auch das gehört zum Zauber Roms: Es erfindet sich immer wieder neu, es wartet mit immer neuen Geschichten auf, es lässt sich immer wieder neu entdecken. Schlagen wir einen Bogen durch die Jahrhunderte und öffnen wir ein paar Seiten in der glanzvollen Enzyklopädie dieser Stadt. Auf meiner Website **www.almutirmscher.de** finden Sie ergänzend dazu ein Fotoalbum mit vielen visuellen Eindrücken aus der Ewigen Stadt.

Wir alle wissen, wie es einst begann: Sieben-fünf-drei, Rom kroch aus dem Ei. Fangen wir also ganz am Anfang an.

Bienvenuti a Roma – willkommen in Rom!

Die Stunde der Wölfin – wie Rom aus dem Ei kroch

In den Albaner Bergen liegt gerahmt von blühenden Oleanderbüschen, von Feigenkakteen, Akazien und sattgrünen Lorbeersträuchern die weite Mulde eines vulkanischen Maars. Sanft streicht eine leichte Brise über das tiefblaue Wasser, in dem sich das Strahlen des Himmels widerspiegelt, und hohe Pinien spenden wohltuenden Schatten an den friedlichen Gestaden. Aeneas, Sohn der Aphrodite und Held von Troja, kam einst nach seiner langen Flucht aus der zerstörten Stadt hierher. Im Angesicht der lieblichen Schönheit dieser Landschaft fand er endlich Ruhe und erwählte sie zu seiner neuen Heimat. Iulus, sein Sohn, gründete dem Vater zu Ehren die Stadt Alba Longa am Ufer des Maars, das heute den Namen Albaner See trägt.

Weise und mit ruhiger Hand herrschten die Nachfahren des Aeneas von nun an als Könige in dieser Stadt. Unter ihrer Führung erblühte Alba Longa zur Hauptstadt und zum kulturellen Herzen der Region, in der das Volk der Latiner lebte. Deren Vorfahren waren einst von Norden her über die Alpen kommend eingewandert und hatten sich im mittleren Westen der italienischen Halbinsel niedergelassen, umgeben von den Territorien der Etrusker und der Umbrer. Ihre Sprache war das Lateinische.

Ein paar Jahrhunderte hindurch führten die Einwohner und die Regenten von Alba Longa ein gutes Leben, bis eines

Tages der Keim des Neides im Herzen eines der Ihren zu sprießen begann. Es handelte sich um Amulius, den jüngeren Bruder des herrschenden Königs Numitor. Viele Jahre lang hatte er seinen Bruder auf dem Thron gesehen, und als Numitor allmählich älter wurde, da erwachte in Amulius die Hoffnung, bald selbst den begehrten Platz einnehmen zu können. Numitor besaß nämlich nur eine einzige, noch unverheiratete Tochter, die hübsche Rhea Silvia. Noch konnte also kein legitimer männlicher Thronfolger den Anspruch des Amulius gefährden.

Doch unglücklicherweise blieb Numitor bei bester Gesundheit. So wurde Amulius schließlich des Wartens überdrüssig und stürzte den Bruder gewaltsam vom Thron. Seine Nichte Rhea Silvia zwang er, ins Kloster zu gehen. Als Vestalin musste die junge Frau jetzt der Göttin von Heim und Herd dienen und ein Leben in strikter Keuschheit führen. Somit konnte sichergestellt werden, dass dem entmachteten Numitor kein Enkel geboren würde, der seinerseits eines Tages Anspruch auf den Thron von Alba Longa erheben könnte.

Doch der durchtriebene Plan des Amulius ging nicht auf. An einem lauen Sommerabend, als Rhea Silvia am Ufer des Albaner Sees kniete, um Wasser für ein religiöses Ritual zu schöpfen, da brach unvermittelt ein wilder Gewittersturm los. Umzuckt von Blitzen und begleitet von fürchterlichen Donnerschlägen trat der mächtige Kriegsgott Mars aus den bedrohlich wabernden Unwetterwolken hervor. Erschrocken zog Rhea Silvia den Faltenwurf ihres Vestalinnengewandes enger um die Schultern, doch vergebens. Ohne Rücksicht oder Mitleid vergewaltigte der rohe Wüstling die verzweifelte Frau.

Die Untat des Gottes blieb nicht ohne Folgen. Neun Monate später gebar Rhea Silvia ein Zwillingspärchen, zwei propere und kerngesunde Knaben. Amulius tobte vor Wut. Wie konnte bloß so ein fürchterliches Missgeschick geschehen? Ganz klar, dass Rhea Silvia ihr Leben verwirkt hatte. Denn eine Vestalin, die ihr Keuschheitsgelübde brach, erwartete der Tod. Amulius ließ sie in den Tiber werfen, jenen Fluss, der unterhalb der Berge verlief und zum Meer hinströmte. Dort würde sie in den Untiefen der Fluten versinken und das schreckliche Ende finden, das sie sich selbst zuzuschreiben hatte. Um sicherzustellen, dass die Delinquentin nicht wieder auftauchen konnte, ließ Amulius ihr noch einen Stein an die Füße binden.

So versank die Unglückselige in den Wogen des Tiber. Doch hier herrschte Tiberinus, der Gott dieses Flusses, und als er die ertrinkende Schönheit in seinem Wasser erblickte, da rührte sie sein Herz. Er rettete sie nicht nur, er schenkte ihr auch die Unsterblichkeit und nahm sie zur Frau. Doch das sollte der böse Amulius nie erfahren.

Dieser machte sich unterdessen keine großen Gedanken darum, was mit den beiden Sprösslingen seiner Nichte geschehen solle. Keine Frage, auch mit denen musste kurzer Prozess gemacht werden. Er befahl deshalb einem Diener, die Knaben zu erdolchen, und betrachtete den Fall damit als erledigt.

Den Diener aber befielen Skrupel, als er mit dem Dolch vor den unschuldigen Säuglingen stand. Nein, er konnte sie nicht ermorden. Niemand durfte das von ihm verlangen, und gewiss würden die Götter ihn verfluchen, sollte er eine solch frevelhafte Tat begehen. Ein göttliches Strafgericht wäre unzweifelhaft schlimmer als das des Amulius. Doch auch dessen Zorn war nicht zu unterschätzen, sollte er Wind von der Befehlsverweigerung bekommen. In seiner Not legte der Diener die Babys deshalb in einen Weidenkorb und übergab diesen dem Wasser des Tiber. Sollten die Götter doch selbst einen Ausweg aus dem Schlamassel finden!

Tiberinus, der Gott des Flusses Tiber, schüttelte den Kopf. Diese Menschen gingen ihm langsam auf die Nerven. Schon wieder zwangen sie ihn dazu, zwei der Ihren aus seinem Wasser zu fischen! Tiberinus hievte die Säuglinge ans Ufer und legte sie unter einen Feigenbaum, den Ficus Ruminalis, der am Fuß des Hügels Palatin wuchs. Dann pfiff er nach Mamma Lupa, der Wölfin, die in der Gegend lebte. Er erklärte dem Tier, dass die neugeborenen Kinder unmöglich in seinem Wasser überleben könnten und er als Gott auch Wichtigeres zu tun habe, als sich mit Säuglingspflege zu beschäftigen. Davon, dass er seine junge Frau lieber für sich allein haben wollte, als sie mit den zwei schreienden Bälgern zu teilen, sagte er lieber nichts. Stattdessen befahl er der Wölfin, sich vorerst um die beiden zu kümmern, bis sich eine bessere Lösung finden würde. Die Wölfin war ein freundliches Wesen, deshalb schleppte sie die Kinder in ihre Höhle, bettete sie auf trockenem Laub und säugte sie.

Schon bald darauf geschah es, dass Faustulus, der königliche Schweinehirt des Amulius, vorbeikam und die beiden Knaben entdeckte. Er hatte die ganze Angelegenheit natürlich mitbekommen und ahnte deshalb sogleich, dass es sich nur um die Kinder der bedauernswerten Rhea Silvia handeln konnte. Aber das behielt er für sich. Er nahm die Zwillinge mit nach Hause, gab ihnen die Namen Romulus und Remus und zog sie an Kindes statt auf. Ganz wie ihr Ziehvater Faustulus wurden auch Romulus und Remus zu Schweinehirten.

Nun verhielt es sich aber so, dass der entmachtete Numitor über ein paar Viehherden verfügte, die seine Hirten eines Tages in die Weidegründe rings um den Hügel Palatin trieben. Dort hüteten allerdings die inzwischen 18-jährigen Zwillinge Romulus und Remus ihre Schweine, und deshalb kam es zum Streit. Zunächst verjagten Romulus und Remus zwar die Hirten des Numitor, doch lauerten diese ihnen später auf, nahmen Remus gefangen und verschleppten ihn zu Numitor nach Alba Longa. Wutentbrannt wollte Romulus hinterhereilen, um den Bruder zu befreien, doch Faustulus hielt ihn zurück. Da sei noch etwas Wichtiges, das er ihm mitteilen müsse, begann der Ziehvater, und klärte Romulus endlich über die wahren Umstände seiner Herkunft auf.

Nun wusste Romulus, dass die Sache so einfach nicht werden würde. Das alte Unrecht musste schließlich endlich gesühnt und die rechte Ordnung wiederhergestellt werden! So sammelte er erst einmal eine Streitmacht um sich, danach begab er sich zu seinem Großvater Numitor und erstattete diesem Bericht. Numitor war überglücklich, seine verloren geglaubten Enkel wiedergefunden zu haben, und rief nun ebenfalls seine Männer zusammen. Gemeinsam zogen sie gegen den niederträchtigen Amulius, jagten ihn vom Thron und töteten den Unhold.

Nun bestieg also Numitor wieder den Königsthron von Alba Longa. Dankbar und voller Stolz betrachtete er seine Enkel, und endlich fiel ihm ein, wie er die beiden belohnen konnte: Er erlaubte ihnen großmütig, eine eigene Stadt an der Stelle zu gründen, an der sie aus den Fluten des Tiber gerettet und von der Wölfin gesäugt worden waren.

Das war vielleicht eine gute Idee, aber nicht gründlich genug durchdacht. Denn als die Brüder unter dem Feigenbaum Ficus Ruminalis saßen und besprachen, wer von ihnen Namensgeber der neuen Stadt sein solle, da konnten sie sich nicht einigen und gerieten in heftigen Streit. Erst nach Stunden beruhigten sie sich einigermaßen und fassten den Entschluss, ein Adlerflug-Orakel zu Rate zu ziehen.

Doch ist die Zwietracht erst einmal gesät, lässt sie sich nicht mehr so leicht aus der Welt schaffen. Jeder der beiden behauptete am Ende, das Orakel habe in seinem Sinne gesprochen, und nur, weil Romulus dank seiner Streitmacht über mehr Anhänger verfügte, ging er als Sieger aus der Zankerei hervor. Remus zog sich schmollend zurück und beobachtete voller Groll, wie Romulus eine Furche durch das Land zog, um den künftigen Verlauf der Stadtmauern festzulegen. Gleich darauf begannen Romulus und seine Leute, Felsbrocken und Geröll entlang dieser Furche als Befestigung aufzuschütten.

Remus kochte inzwischen vor unbändiger Wut, und die stachelte ihn schließlich zum Handeln an. Das konnte er doch nun wirklich nicht auf sich sitzen lassen! Er würde Romulus zum Gespött der Leute machen und einfach über dessen noch niedrige Stadtmauer hinwegspringen. Sollte doch jedermann sehen, wie lächerlich diese Befestigungsanlage war!

So hüpfte Remus feixend über das Mäuerchen und schnitt Romulus dabei auch noch eine hämische Grimasse. Das aber stellte ein übles Sakrileg dar, denn eine Stadtmauer galt als heilig und unantastbar. Romulus fackelte nicht lange, sondern erschlug den vorwitzigen Bruder mit den Worten: „So möge es jedem ergehen, der über meine Mauern springt!" Dies geschah am 21. April des Jahres 753 v. Chr.

So war jetzt Romulus der unangefochtene Alleinherrscher der neuen Stadt und gab ihr folgerichtig den Namen Rom. Um rasch Bevölkerungszuwachs zu erhalten, öffnete er die Tore Roms als Zufluchtsort für alle Verbannten, alle Heimatlosen und alle Flüchtlinge. Doch diese Leute stellten sich durch die Bank nur als Männer heraus! Das bot nun wirklich keine geeignete Ausgangsbasis für die Entwicklung der neuen Stadt. Woher sollte man denn jetzt Frauen nehmen, wenn nicht stehlen?

Die Antwort des Romulus sah ganz einfach aus: Man musste die Frauen eben kurzerhand stehlen! So ließ er seine

Leute ein schönes großes Fest zu Ehren des Gottes Neptun ausrichten, mit reichlich Wein, köstlichen Speisen, Spiel und Spaß. An die Sabiner, die auf den umliegenden Hügeln lebten, schickte er scheinheilig eine freundliche Einladung.

Angesichts der Aussicht auf einen angenehmen Zeitvertreib nahmen die Sabiner dankbar an und kamen nach Rom. Und als sie nun entspannt herumsaßen und das Festmahl genossen, da stürzten sich die Römer auf sie und entrissen ihnen die jungen, unverheirateten Frauen. Die infamen Räuber stießen dabei kaum auf Gegenwehr, denn die arglosen Gäste waren unbewaffnet.

Entsetzt flohen die Sabiner zurück in ihre Dörfer. Es dauerte sehr lange, bis sie sich von dem Schock erholten, dann aber zogen sie eine Streitmacht zusammen. Auf einem Schlachtfeld stellten sie sich dem Heer der Römer entgegen, und um ein Haar wäre es zum blutigen Scharmützel gekommen, hätten sich nicht die geraubten Sabinerinnen zwischen die Streithähne geworfen.

Hört auf damit, schimpften die Frauen, das hat doch keinen Sinn! Hier auf der einen Seite stehen unsere Väter und Brüder, auf der anderen unsere Männer und unsere Kinder, sollen wir denn dabei zusehen, wie ihr euch gegenseitig umbringt?

Da reichten sich die Männer die Hände und schlossen Frieden. Ja, mehr noch, sie vereinten ihre Herrschaftsgebiete zu einem einzigen Stadtstaat, gemeinsam geführt von Romulus und dem König der Sabiner. Als Regierungssitz wählten sie das Kapitol, einen der Hügel, auf dem die Sabiner siedelten.

37 Jahre lang regierte Romulus als König von Rom. Doch dann, er kann kaum älter als 55 Jahre gewesen sein, kontrollierte er gerade sein Heer auf dem Marsfeld vor den Toren der Stadt, als mit einem Mal eine Sonnenfinsternis heranbrach und das Land in Dunkelheit stürzte. Zeitgleich erhob sich ein

schrecklicher Orkan über dem Marsfeld. Da wurde Romulus vor den Augen seiner Männer in die Lüfte gerissen und von den schwarzen Sturmwolken auf Nimmerwiedersehen verschlungen.

Die Stadt jedoch, die er gegründet hatte, sah einer großen Zukunft entgegen. Um den Ficus Ruminalis herum, jenen Feigenbaum, unter dem die Zwillinge einst der Wölfin anvertraut worden waren, entstand das Forum Romanum. Das Patriziergeschlecht der Julier, dessen berühmtester Spross Gaius Julius Caesar sein würde, führte seine Abstammung über Romulus und dessen Vorfahren Iulus, den Gründer von Alba Longa, direkt auf den sagenhaften Aeneas zurück.

Die Stadt Alba Longa am Ufer des Albaner Sees fiel dem dritten König von Rom zum Opfer, der keine konkurrierende Macht in seiner Nähe dulden wollte. Er ließ Alba Longa im Jahr 665 v. Chr. dem Erdboden gleichmachen. Wo es einst gelegen haben soll, befindet sich heute die kleine Stadt Castel Gandolfo, die dank der dortigen Sommerresidenz der Päpste berühmt wurde.

Die Wölfin hat man in Rom fortan als Liebesgöttin verehrt. Ihre Priesterinnen waren die „Lupae", ein Wort, mit dem in Rom aber auch Prostituierte bezeichnet wurden. Was wiederum eine völlig neue Interpretationsmöglichkeit für die Geschichte der Rettung von Romulus und Remus eröffnet…

Gnocchi alla romana – römische Grießnocken

Zutaten für 4 Personen:

600 ml Milch
150 g Hartweizengrieß (fein gemahlen)
100 g Butter
1 Ei
100 g geriebener Parmesankäse
Muskatnuss
Salz, Pfeffer
Butter zum Einfetten

Zubereitung:

Die Milch zusammen mit 30 g Butter in einen Topf geben, aufkochen lassen und sofort die Hitze reduzieren. Salzen, pfeffern, mit Muskatnuss würzen und anschließend unter Rühren den Grieß einrieseln lassen. 5 Minuten lang rührend köcheln lassen, dann vom Herd nehmen, 50 g Parmesan unterheben, den Topf mit dem Deckel verschließen und die Masse 10 Minuten quellen lassen. Danach das verquirlte Ei unterrühren und die Masse auf einem zuvor kalt abgespülten Backblech ca. 2 cm dick mit einem breiten Messer ausstreichen, zwischendurch das Messer immer wieder in kaltes Wasser halten.

30 Minuten lang in den Kühlschrank stellen. Anschließend die Masse mit einem immer wieder kalt abgespülten Messer in Quadrate von ca. 5 x 5 cm Größe schneiden.

Eine große, flache Auflaufform oder ein Backblech mit hohem Rand mit Butter einfetten und die Gnocchi darin ziegelartig überlappend nebeneinander aufschichten. Die restliche Butter erhitzen, bis sie flüssig ist, und die Gnocchi damit an der Oberseite bestreichen. Mit dem restlichen Parmesan bestreuen und ca. 30 Minuten lang im auf 220°C vorgeheizten Backofen backen, bis die Oberseite zu bräunen beginnt.

Die Gnocchi eignen sich als Beilage zu Fleischgerichten oder werden mit einer Sauce verspeist, zum Beispiel:

Salsa di carciofi e pomodori – Sauce aus Artischocken und Tomaten

Zutaten für 4 Personen:

2 Schalotten
800 g Artischockenböden (aus der Dose, abgetropft, oder Artischockenherzen)
800 g Tomaten aus der Dose (gewürfelt)
150 ml Weißwein
2 Knoblauchzehen
1 Zweig Rosmarin
Olivenöl, Pfeffer, Salz

Zubereitung:

Schalotten und Knoblauchzehen schälen und fein hacken. Die Artischockenböden in Würfel mit ca. 1 cm Kantenlänge schneiden.

In einem Topf etwas Olivenöl erhitzen und die Schalotten darin glasig andünsten. Mit dem Weißwein ablöschen, aufkochen und um die Hälfte einreduzieren lassen. Nun Knoblauch, Tomaten, Artischocken und den Rosmarinzweig hinzugeben, salzen, pfeffern, aufkochen und anschließend bei milder Hitze 15 Minuten lang köcheln lassen, dabei gelegentlich umrühren.

Den Rosmarinzweig entfernen und die Sauce auf vier Tellern verteilen. Die Gnocchi jeweils obenauf anrichten.

Alternativ kann man die Sauce in eine Auflaufform geben, die noch nicht gebackenen Gnocchi darauflegen und alles zusammen überbacken.

Begegnung mit der Vergangenheit – ein Abend auf dem Monte Pincio

Nun stehe ich auf einem der Hügel Roms und schaue wieder einmal über die Stadt. Fast 2.800 Jahre sind vergangen, seit Rom gegründet wurde. Wie viele Geschichten mögen sich in dieser unvorstellbar langen Zeit hier zugetragen haben, wie viele Tragödien, wie viele Momente großen und kleinen Glücks? Wie viele bedeutende Persönlichkeiten haben die Tore der Stadt im Wandel der Zeiten durchschritten?

Viele davon haben Rom wohl ganz in meiner Nähe betreten. Denn ich stehe auf der Terrazza del Pincio, der Aussichtsterrasse auf dem Monte Pincio. Zu meinen Füßen liegt im Tal die Porta del Popolo in der Aurelianischen Stadtmauer, jener mächtigen Befestigungsanlage, die im 3. nachchristlichen Jahrhundert entstand und bis zum heutigen Tag beinahe vollständig erhalten geblieben ist. Ihre Mauern sind nach Verstärkungsmaßnahmen im 4. Jahrhundert fast elf Meter hoch und an die dreieinhalb Meter dick, und ihre Gesamtlänge beträgt stolze 19 Kilometer. 18 Tore führten früher durch diese Mauer in die Stadt hinein, und alle 30 Meter gab es einen Wachturm. Zahlreiche noch ältere Gebäude, die sich vor den Toren Roms befunden hatten, integrierten die Baumeister kurzerhand in die Aurelianische Stadtmauer, so die Cestius-Pyramide, das Grabmal des im Jahre 12 v. Chr. gestorbenen Volkstribuns Gaius Cestius Epulo. Die mit hellem Marmor und Travertingestein verkleidete Pyramide ist 36,4 Meter hoch und kann damit immerhin mit einem Viertel der Höhe der Cheops-Pyramide aufwarten.

Aber auch das Grabmal des Kaisers Hadrian, die spätere Engelsburg, außerdem ein Lager der Prätorianergarde, ein Amphitheater und Teile der Aqua Claudia, eines der wichtigsten Aquädukte, die Rom mit Frischwasser versorgten, baute man der Einfachheit halber in die Stadtmauer ein.

Wer die Stadt betreten wollte, der musste zunächst eines der streng bewachten Tore in der Aurelianischen Stadtmauer passieren. Der Porta del Popolo kam dabei eine herausragende Rolle zu, denn zu ihr hin führten die wichtigen Einfallstraßen Via Flaminia und Via Cassia, über die Reisende aus Richtung Norden nach Rom gelangten.

Wer sie durchschritt, fand sich sogleich auf der großartigen Piazza del Popolo, jenem imposanten, von einem knapp 24 Meter hohen altägyptischen Obelisken geschmückten Platz, und jedermann muss sogleich klar gewesen sein, mit was für einer herausragenden und mächtigen Stadt er es hier zu tun hatte. Die Piazza del Popolo gehört heute wieder dem Volk, nach dem sie wohl auch benannt ist, denn „popolo" heißt nichts anderes als „Bevölkerung". Man vermutet, dass die Piazza zu ihrem Namen kam, weil sie einst mit dem Geld des römischen Volkes bezahlt worden ist.

Zwischenzeitlich gehörte die Piazza del Popolo allerdings nicht mehr dem Volk. Vielmehr hatten die Autos sie erobert und vollständig in Beschlag genommen. Ich erinnere mich noch sehr gut, dass ich als Kind überhaupt nicht nachvollziehen konnte, warum mein Vater so viel Aufhebens um diesen Platz machte. Denn der war nichts als ein chaotischer, komplett zugestellter Parkplatz, rings umkreist von einem nie abreißenden Strom aus hupenden und drängelnden Fahrzeugen, den man als Fußgänger nur unter Lebensgefahr durchqueren konnte.

Deshalb schaue ich jetzt fasziniert von der Terrazza del Pincio hinab auf die Piazza del Popolo. Inzwischen ist diese nämlich längst für Kraftfahrzeuge aller Art gesperrt. Nun ist es wieder, wie es sein sollte: Auf der Piazza wird flaniert, hier und da stehen ein paar Leute zusammen und plaudern, und auf den Stufen des Löwenbrunnens in der Platzmitte ruhen sich müde Spaziergänger aus. Ab und zu fährt jemand mit dem Fahrrad oder einem E-Scooter quer über die Piazza, aber alles in allem hat sie zu ihrer ursprünglichen Bestimmung zurückgefunden: Sie ist ein wunderbares Geschenk der Bürger von Rom. Ein urbaner, kosmopolitischer, würdevoller und vor allem überragend schöner Platz.

Und während ich das entspannte Treiben von der erhabenen Höhe der Pincioterrasse aus beobachte, verschwindet die Sonne langsam hinter den gegenüberliegenden Hügeln. Die Kuppel des Petersdoms wird von den pastellroten Tönen des Abendhimmels gerahmt, und das warme Gelborange der Straßenbeleuchtung zaubert goldenes Licht auf die Piazza del Popolo. Für einen Moment erscheint es mir fast, als könne ich die Brandung der Jahrtausende spüren, die zu meinen Füßen rauscht, und die magische Anziehungskraft der Stadt, die in der Dämmerung aufglüht, erfasst auch all die anderen Menschen, mit denen ich meinen Aussichtsposten teile. Überall schnellen Smartphones und Kameras in die Höhe, um den Zauber des Augenblicks für die Ewigkeit zu konservieren, und der Inder, der rote Rosen verkauft, ist mit einem Mal nicht mehr lästig, sondern der hochwillkommene Erfüllungsgehilfe eines Moments der perfekten Romantik.

Die Terrazza del Pincio ist eines der Schmuckstücke der Villa Borghese, einer altehrwürdigen Parkanlage mit dazugehörigem Kunstmuseum auf dem Monte Pincio. Der Monte Pincio selbst, jener Hügel im Norden der Altstadt, gehört nicht zu den klassischen sieben Hügeln von Rom. Er lag außerhalb des ursprünglichen Stadtterrains, doch schon zur Zeit der Republik ließen sich vornehme Herrschaften hier ihre Prachtvillen errichten. Den Anfang machte der legendäre Feinschmecker Lucius Licinius Lucullus, dessen Gärtner für ihren Herrn um 60 v. Chr. einen luxuriösen Privatgarten anlegten. Die Anpflanzungen waren so wundervoll, dass Messalina, die Frau des Kaisers Claudius, den späteren Parkbesitzer ermorden ließ, um selbst in den Besitz des märchenhaften Gartens zu kommen. Davon hatte sie freilich nicht mehr allzu viel, denn ihr maßloser, kruder und intriganter Lebenswandel führte dazu, dass sie selbst nur ein Jahr später von einem Exekutionskommando in eben diesem Garten hingemordet wurde.

Vom Garten des Lucullus ist fast nichts mehr erhalten, in seinem früheren Mittelpunkt befindet sich heute die Kirche Santa Trinità dei Monti, die über der Spanischen Treppe emporragt. Weil jedoch auch andere wohlhabende Römer den Pincio mit Gartenanlagen, Terrassen und großzügigen Villen schmückten, was ihm den Beinamen „Gartenhügel“ eintrug, bezog man ihn während der Amtszeit des Kaisers Claudius offiziell ins Stadtgebiet ein und begann mit der intensiveren Bebauung. Das Geschlecht der Domitier errichtete hier sein Familiengrabmal, und da Kaiser Nero durch Adoption Mitglied dieser Familie geworden war, wurde auch seine Asche auf dem Pincio beigesetzt.

Ein eigenes Stadttor führte durch die Aurelianische Mauer zu den vornehmen Villen auf dem Monte Pincio, die Porta Pinciana. Allerdings wurde sie im Laufe der Jahrhunderte immer wieder zugemauert und später wieder geöffnet. Denn die mit der Bewachung der umfangreichen Stadtmauer und ihrer Tore betraute Garde litt des Öfteren unter gravierendem Personalmangel. Heutzutage ist die Porta Pinciana links und rechts durch breite Bogenöffnungen erweitert, die man anlegte, um dem wachsenden Autoverkehr Rechnung zu tragen. Und zu weltweitem Ruhm kam das Stadttor, als es 1974 in einer spektakulären Aktion vom Künstlerpaar Christo und Jeanne-Claude verhüllt wurde.

Da hatte die Porta Pinciana längst ihre antike Bedeutungslosigkeit abgestreift. Denn inzwischen diente sie als Zufahrtsportal für die Villa Borghese, jene fünf Quadratkilometer große Parkanlage auf dem Monte Pincio, die mit ihrer prächtigen Barockvilla, dem Casino, ab dem 17. Jahrhundert der Adelsfamilie Borghese als Sommerresidenz diente. Das Casino beherbergt mit der Galleria Borghese eine der berühmtesten und wertvollsten privaten Gemäldesammlungen der Welt, den Grundstein legte der begeisterte Kunstliebhaber Kardinal Scipione Borghese. Die Ausstellung zeigt Werke von Caravaggio, Leonardo da Vinci, Raffael, Rubens, Tizian, Bernini, Canova und vielen anderen.

Das Anwesen der Familie Borghese auf dem Monte Pincio umfasste außerdem Weinberge, Parkanlagen, Ställe und Reitplätze, mondäne Wasserspiele, einen Tierpark, botanische Anlagen, eine Voliere, eine Orangerie und diverse Wirtschaftsgebäude. An der Schwelle zum 20. Jahrhundert ging das Ganze in den Besitz des italienischen Staates über. Und so gehört heute auch die prächtige Parkanlage Villa Borghese dem Volk. Zwischen exotischen Pflanzen und uralten Baumriesen tummeln sich hier Erholung suchende Römer genauso wie Touristen, die Zeit für ein paar Mußestunden im Park erübrigen können. Auf der Piazza di Siena inmitten der Villa Borghese findet alljährlich das Springreitturnier CSIO Roma statt. Und am Parkeingang kann man zwei- oder viersitzige pedalbetriebene Fahrradmobile ausleihen, wahlweise auch ganz normale Fahrräder. Hier findet man ein Kinderkarussell und Getränkestände, außerdem gibt es überall lauschige Plätzchen auf den vielen Bänken, die zwischen dem Grün zum Verweilen einladen.

Auf dem Rückweg bin ich über den steilen Abhang des Pincio hinunter zur Piazza del Popolo gestiegen, die nun unter ihrer abendlichen Beleuchtung in erhabenem Glanz erstrahlt. Die heutige neoklassizistische Gestaltung erhielt der Platz erst im 19. Jahrhundert. Die beiden zum Oval zusammengefügten Halbkreise sollen die Gestalt des Petersplatzes widerspiegeln, welche der berühmteste Barockbaumeister Roms schuf, der große Gian Lorenzo Bernini.

Den Rahmen der Piazza del Popolo bilden zwei gegenüberliegende Prachtbrunnen im Osten und Westen, außerdem die famosen Zwillingskirchen mit ihren barocken Kuppeln im Süden der Piazza und die Kirche Santa Maria del Popolo neben der Porta del Popolo im Norden. In deren angeschlossenem Kloster wohnte Martin Luther während seines Aufenthaltes in Rom im Jahre 1511.

Und während ich langsam über diesen majestätischen Platz schlendere, ist es fast, als berührten mich die Schatten all derer, die vor mir hier gewandelt sind. Als öffne sich die Pforte der Zeit und lasse alle Epochen zu einem einzigen großen Gemälde der Menschheitsgeschichte verschmelzen. Welch ein angemessener Empfangsraum für diese ehrwürdige Stadt!

Coda alla vaccinara – Ochsenschwanzragout auf römische Art

Zutaten für 4 Personen

1.600 g Ochsenschwanz (vom Metzger in ca. 4–5 cm dicke Scheiben schneiden lassen)
4 Schalotten
1 rote Zwiebel
3 Knoblauchzehen
4 Stangen Staudensellerie
4 Möhren
600 g Tomaten
500 ml Rinderfond
250 ml Rotwein
1 Bd. Blattpetersilie
1 rote Peperonischote
30 g Rosinen
2 Rosmarinzweige
4 Thymianästchen
2 Lorbeerblätter
2 El Tomatenmark
10 schwarze Pfefferkörner
5 Pimentkörner
5 Wacholderbeeren
1 Tl brauner Zucker
1 Prise gemahlener Zimt
2 El grobes Meersalz
Olivenöl, Salz, Pfeffer

Zubereitung:

Schalotten, Zwiebel und Knoblauchzehen schälen und fein würfeln. Die Peperonischote waschen, längs aufschneiden, die Kerne entfernen und die Schote fein hacken. Staudensellerie und Möhren putzen, die Blättchen des Selleriegrüns abschneiden und beiseitestellen. Sellerie und Möhren nicht zu fein würfeln. Die Tomaten waschen, mit siedendem Wasser überbrühen und häuten. Den Stielansatz herausschneiden, die Tomaten entkernen und würfeln. Die Thymianästchen waschen und die Blättchen abzupfen. Pimentkörner, Pfefferkörner und Wacholderbeeren in ein Teeei geben. Die Ochsenschwanzstücke abspülen, trocken tupfen und anschließend mit dem groben Meersalz und mit Pfeffer einreiben.

In einem großen Bräter einen guten Schuss Olivenöl erhitzen. Die Ochsenschwanzstücke ringsum im heißen Öl kräftig anbraten, dann aus dem Bräter nehmen. Nun Zwiebeln, Schalotten, Knoblauch, Sellerie, Peperoni und Möhren in den Bräter geben und so lange dünsten, bis sie goldbraun werden. Das Tomatenmark hinzugeben und kurz mitrösten. Mit dem Rotwein ablöschen, aufkochen und um die Hälfte einreduzieren lassen. Nun den Rinderfond hinzugießen und Tomaten, Rosinen, braunen Zucker, eine Prise Zimt, Thymianblättchen und Lorbeerblätter dazugeben. Gut umrühren und aufkochen, die Ochsenschwanzstücke, das Teeei und die Lorbeerblätter hinzugeben, die zuvor abgespülten Rosmarinzweige oben auflegen und den Bräter mit dem Deckel verschließen. Den Backofen auf 160°C vorheizen und den Bräter für 4 Stunden hineinstellen. Die Petersilienblättchen abzupfen und zusammen mit dem Selleriegrün fein hacken. Nach Ende der Bratzeit den Bräter aus dem Ofen nehmen und das Fleisch herausnehmen, in Alufolie wickeln und zurück in den ausgeschalteten Ofen bei leicht geöffneter Tür legen.

Den Bratensud mit dem Gemüse in einen Topf gießen, dabei Rosmarinzweige, Lorbeerblätter und Teeei entfernen. Aufkochen, mit Salz und Pfeffer abschmecken und zwei Drittel der Petersilie und des Selleriegrüns unterrühren. Anschließend das Fleisch aus der Alufolie nehmen, in den Topf geben und bei sehr schwacher Hitze 5 Minuten ziehen lassen. Wer mag, kann zuvor das Fleisch von den Knochen lösen und die Knochen entfernen. In Rom lässt man das Fleisch an den Knochen, die in die Finger genommen und abgenagt werden. Vor dem Servieren den Rest der gehackten Petersilien- und Sellerieblättchen darüberstreuen.

Man isst das Ragout mit breiten Nudeln (z.B. Garganelli, Conchiglie oder Rigatoni), mit Polenta, mit Gnocchi alla romana (Rezept s. Seite 19) oder mit knusprigem Ciabattabrot.

Eine Stadt aus Marmor – die zweite Geburt von Rom

„Diese Missstände müssen beendet werden!“

Zornig dröhnte die Stimme des Mannes durch die Halle. Unwillkürlich duckten sich die Anwesenden ein wenig und senkten verlegen die Häupter zwischen ihre hochgezogenen Schultern.

„Lange genug ist diese Stadt dem Verfall preisgegeben! Sie ist schmutzig, stinkend und verkommen!“ Der Mann stand sehr aufrecht und hob die Hand, um seinen Worten Nachdruck zu verleihen. „Dies ist unwürdig für eine Stadt, die Herrscherin der Welt ist. Und ich werde das ändern!“

So sprach kein Geringerer als Gaius Octavius, der Großneffe, Haupterbe und testamentarische Adoptivsohn des Gaius Julius Caesar. Durch äußerst geschicktes Taktieren und durch Sieg in blutigen Auseinandersetzungen war es Octavius gelungen, sich nach den Tumulten, die auf Caesars Ermordung folgten, langsam, aber sicher an die Spitze des römischen Staates zu manövrieren. Caesar selbst hatte, nachdem er durch enorme Landgewinne für das Römische Reich als Feldherr zu Ruhm gekommen war, die marode alte Republik mithilfe cleverer Schachzüge zu Grabe getragen und sich selbst zum Diktator erhoben. Seinem Triumph ging freilich ein mehrjähriger Bürgerkrieg voraus, und beileibe nicht jedermann war mit Caesars Alleinherrschaftsanspruch einverstanden. Das endete für ihn im Jahr 44 v. Chr. mit einem tödlichen Attentat, und zwar an den Iden des März, der Mitte des Monats, die im März auf das Datum des 15.03. fällt.

Caesars Großneffe Gaius Octavius zählte zu diesem Zeitpunkt gerade erst 18 Jahre. Doch der junge Mann fiel durch ungewöhnliche Intelligenz auf und erkannte sofort die brillanten Möglichkeiten, die ihm die postume Adoption durch den Diktator auftat. Er nahm umgehend Caesars vollständigen Namen an und nannte sich selbst nur noch Gaius Julius Caesar, statt, wie es üblich gewesen wäre, zumindest den Namenszusatz „Octavianus“ zu führen.

Die folgenden Jahre verbrachte er damit, Ränke zu schmieden und politische Gegenspieler aus dem Weg zu räumen. Es herrschte eine Zeit des Machtvakuums, in der Rom in Bürgerkrieg und Anarchie versank. Im September des Jahres 31 v. Chr. besiegte die Flotte des Octavius in der Seeschlacht bei Actium an der griechischen Westküste schließlich Marcus Antonius, den letzten mächtigen Gegenspieler. Ein Massaker, das mit dem Selbstmord des Antonius und seiner Geliebten, der ägyptischen Königin Kleopatra, endete.

Nun war der Weg für Octavius endlich frei. Er gab vor, die republikanische Ordnung wiederherstellen zu wollen, und ließ sich noch im gleichen Jahr an die Spitze der Regierung wählen. In der darauffolgenden Zeit stabilisierte er seine Stellung und erlangte im Januar des Jahres 27 v. Chr. die unangefochtene Alleinherrschaft über Rom. Der Senat verlieh ihm den Ehrentitel „Augustus“ – „der Erhabene“. Dies sollte der Beginn einer neuen Ära sein, nämlich der Epoche der römischen Kaiser.

Das Reich erstreckte sich zu diesem Zeitpunkt über eine größere Fläche als je zuvor und sollte in den folgenden Jahrzehnten weiterwachsen, bis es unter Kaiser Trajan im Jahr 117 seine maximale Ausdehnung erreichen würde. Doch Augustus ging es um mehr als um schieren Landbesitz. Sein Plan war es, den verdreckten Moloch Rom, den er bei seinem Amtsantritt vorfand, in eine blühende Weltstadt zu verwandeln, eine glänzende Perle als Herzstück seines Imperiums, nicht weniger erhaben als er selbst.

Was für eine Herkulesaufgabe! Das einfache Volk von Rom lebte in mehrstöckigen Mietskasernen aus gebrannten Ziegeln und aufgeschichteten Gesteinsbrocken. Oft umfassten diese Komplexe ganze Viertel, je nach Bedarf aufgestockt und erweitert, ohne jede Rücksichtnahme auf Statik und Stabilität. Immer wieder stürzten solche Gebäude in sich zusammen und alles, was sich in ihnen befand, wurde mit Mann und Maus unter den Trümmern begraben. Verheerende Brände rissen ganze Stadtviertel ins Verderben, und häufig trat der Tiber aus seinem verlandeten Bett und überschwemmte weite Stadtgebiete. Die hygienischen Zustände und die Trinkwasserversorgung waren katastrophal, die Abwasserkanäle völlig verschmutzt und mit Ratten verseucht. Die Tempelanlagen verkamen, weil ihre Mäzene in den Bürgerkriegen der vergangenen Jahre getötet oder entmachtet und enteignet worden waren.

Holz, Ziegel, Kalkstein, Tuff und Travertin zählten bis dato als die gängigen Baumaterialien. Vornehme Häuser, Tempel und öffentliche Gebäude verputzte man mit Stuck, aus dem sich auch dekorative Reliefs modellieren ließen. Zuletzt wurde das Ganze mit verschiedenen Farben bunt angemalt. Marmor hingegen spielte keine wirkliche Rolle. Denn Marmor musste von weither importiert werden, er kostete sagenhaft viel Geld und galt deshalb als griechisch-dekadenter Luxus.

Doch seit der Mitte des 1. vorchristlichen Jahrhunderts änderte sich das. Bei Luna, einer rund 300 Kilometer nördlich von Rom gelegenen Kolonie, entdeckte man ein ganzes

Gebirge aus Marmor, der so weiß war, dass er die Augen blendete. Mit einem Mal verfügte Rom über Marmor bis zum Abwinken, und das ganz in der Nähe! Über das Meer ließen sich die Felsbrocken ohne übermäßigen Aufwand bequem in die Hauptstadt transportieren. Bis zum heutigen Tag ist dieses Gestein als „Carraramarmor" berühmt und hochbegehrt. Und auch Kaiser Augustus richtete sein Augenmerk auf das außergewöhnliche Material. Rom, so beschied er, solle in eine Stadt aus weißem Marmor verwandelt werden!

Der entschlussfreudige Mann machte sich ans Werk und rollte sein Großbauprojekt sozusagen vom Ende her auf. Denn das erste Bauwerk, das er in Auftrag gab, war sein eigenes Mausoleum, wofür allerdings noch Travertingestein eingesetzt wurde. Mit einem Durchmesser von fast 90 Metern entstand am Ufer des Tiber vor den Toren Roms ein riesiger Rundbau aus konzentrischen Ringen, auf dessen höchstem Punkt in der Mitte eine kolossale Bronzestatue des Imperators prangte. Das gewaltige Mausoleum bot Platz für eine ganze Dynastie, und so wurden außer Augustus selbst auch zahlreiche seiner Familienmitglieder und Nachfolger hier beigesetzt, unter anderem Tiberius, Caligula, Claudius und Nerva. Das außergewöhnliche Grabmal ist zum großen Teil erhalten und kann noch heute bewundert werden.

Sein eigenes Haus ließ Augustus auf dem Palatin errichten, denn schließlich lag hier die Höhle, in der einst die Wölfin Romulus und Remus gesäugt hatte. Mit weitem Blick über die ganze Stadt hoch über dem zentralen Forum und den Regierungsgebäuden gelegen – ein bedeutungsvollerer Standort ließ sich kaum denken. Der Imperator hielt allerdings Maß, denn er wusste, dass dem römischen Volk private Protzerei zuwider war. Die Ruinen ehemals gigantischer Paläste, die man auf dem Palatin besichtigen kann, stammen aus späterer Zeit.

Statt sich selbst einen grandiosen Palast zu errichten, veranlasste Augustus lieber den Bau eines Apollotempels gleich neben seinem Wohnsitz. Denn schließlich war Apollo, der Gott des Lichts, der Heilung, der Künste und der Prophezeiungen, seine persönliche Schutzgottheit. Doch nicht nur dem Apollo huldigte Augustus, auch die anderen Götter Roms nahm er sehr ernst. Deshalb ließ er in der Folgezeit alle großen Tempel der Stadt instand setzen und mit Marmor verschönern. Auch die heruntergekommenen Heiligtümer kleinerer Feld-, Wald und Wiesengottheiten, von denen es in Rom eine inflationäre Masse gab, wurden im Auftrag des Augustus restauriert und aufgeputzt.

Das Forum als politischer und sozialer Mittelpunkt der Stadt erhielt neue Gerichts- und Markthallen. Die Curia, der Sitzungssaal des Senats gleich nebenan auf dem neuen Caesarforum, wurde endlich fertiggestellt. Und seinem großen Gönner und Vorbild Julius Caesar stiftete Augustus einen eigenen Tempel auf dem Forum Romanum über der Stelle, an welcher der Leichnam Caesars nach dem Mordanschlag verbrannt worden war.

Dann gönnte sich Augustus noch einen Triumphbogen, der an seinen Sieg über Antonius und Kleopatra erinnern sollte. Militärische Erfolge wurden schon seit 200 Jahren auf diese Art gefeiert, jeder Feldherr, der auf sich hielt, konnte auf seinen eigenen Triumphbogen verweisen. Dem durfte Augustus natürlich in nichts nachstehen.

Als symbolhafte Apologie für sein autoritäres Regime ließ er außerdem gleich neben seinem Mausoleum den Ara Pacis errichten, den Friedensaltar, dessen großartige Reliefs die Botschaft vermitteln: Seht her, Augustus hat endlich für Frieden in Rom gesorgt! Ein Anspruch, dem er mit der Pax Augusta, dem „Augusteischen Frieden“, tatsächlich genügen konnte. Während seiner Regierungszeit herrschte nicht nur Frieden, es erblühten auch Kunst und Kultur. Seine Epoche brachte neben zahllosen gestaltenden Künstlern auch Dichter wie Horaz, Ovid und Vergil hervor. Zugleich expandierte das Reich schneller als jemals zuvor. Neue Provinzen wie Ägypten, das kleinasiatische Galatien und Gebiete an Rhein und Donau verhalfen Rom zu unvorstellbarem Wohlstand.

Und weil Augustus nun der wichtigste Mann der Welt war, baute er an das Caesarforum sein eigenes Forum an. In dessen Mittelpunkt prunkte ein imposanter Tempel zu Ehren des Kriegsgottes Mars, allein seine korinthischen Säulen maßen stolze 18 Höhenmeter. Hinzu kam noch eine Basilika, und den Rahmen bildeten halbkreisförmige Säulenhallen, geschmückt mit etlichen kunstvollen Marmorstatuen. Diese Pracht machte jedermann unmissverständlich klar, dass Augustus ein Herrscher war, wie ihn Rom noch nicht erblickt hatte.

All diese Baumaßnahmen verschlangen nicht nur ein Heidengeld, sie dauerten auch jahrzehntelang. Arbeitslosigkeit im Baugewerbe war zu Zeiten des Augustus kein Thema, ganz im Gegenteil rangen die zahlreichen Baustellen geradezu um Arbeitskräfte. Aus dem ganzen römischen Reich kamen virtuose Architekten, Bauingenieure und Bildhauer in die Stadt, denn hier gab es reichlich für sie zu tun. Geld spielte keine Rolle, denn die Staatskasse quoll davon über, und Augustus selbst verfügte über solch irrwitzigen Reichtum, dass er den Bauboom mit Leichtigkeit mitfinanzieren konnte. Schließlich ging es um nichts Geringeres als sein eigenes Denkmal, die marmorne Stadt. Dank der unablässig sprudelnden Einnahmen aus den Provinzen leistete er sich jetzt auch teuren bunten Marmor aus Griechenland, Kleinasien, Numidien und Ägypten, der zusammen mit dem Carraramarmor verarbeitet wurde.

Um die Organisation der Stadtsanierung zu erleichtern, teilte Augustus Roms bisherige vier Bezirke – die sogenannten „regiones“ – in insgesamt 14 auf. Seinem engen Freund, dem Feldherrn Marcus Vipsanius Agrippa, der schon beim Militär durch großes Organisationstalent auffiel, wurde das Amt des obersten Stadtentwicklers zuteil. Und er machte sich an die Arbeit: Straßenschäden wurden ausgebessert, das Flussbett und der Uferverlauf des Tiber tiefer ausgeschachtet, die alten Aquädukte instand gesetzt. Neue Leitungen stellten die Wasserversorgung der Bürger ein für alle Mal sicher. Die Kanalisation wurde grundgereinigt und an die Aquädukte angeschlossen, deren überschüssiges Wasser die Kanalisation von nun an ständig durchspülte. Die Tiberbrücken wurden repariert, die maximale Höhe von Wohnhäusern auf 20 Meter begrenzt.

Eine staatliche Baubehörde behielt ab jetzt den Zustand der Gebäude Roms im Auge. Und jede der Regiones erhielt einen Staatsbeamten als Kontrolleur, der wiederum seine Aufgaben an die Vorsteher der einzelnen Viertel in den Regiones delegierte. Schließlich wurde im Jahr 6 n. Chr. eine Berufsfeuerwehr ins Leben gerufen, um endlich Herr über die ständigen Großbrände zu werden.

Doch Rom präsentierte sich nach wie vor zugebaut, schmutzig und chaotisch. Deshalb erschloss Agrippa ein neues Baugebiet auf dem Marsfeld, dem militärischen Übungsgelände, das nordwestlich vor der Stadtmauer, aber auf der gleichen Uferseite lag. Er hatte dort bereits nach dem Sieg bei Actium ein Pantheon zu Ehren seines Freundes Augustus errichten lassen. Darum herum entstanden nun moderne Neubauten und attraktive Gartenanlagen. Als besonderes Schmankerl spendierte Agrippa ganz in der Nähe des Pantheons die ersten öffentlichen Thermen der Stadt.

Zwar gab es zu dieser Zeit bereits 170 öffentliche Bäder im Stadtgebiet, aber so etwas wie die Agrippa-Thermen hatten die Römer noch nicht gesehen. Ein eigens dafür errichtetes Aquädukt versorgte die beheizten Schwimmbecken ununterbrochen mit verschwenderischen Frischwasserfluten. Im Zentrum der Badeanstalt befand sich ein Kuppelbau mit einem Durchmesser von 25 Metern, dazu bot sie Sportanlagen, Massage- und Kosmetikräume sowie Gymnastikzimmer. Zum Aufwärmen begab man sich ins Caldarium, zum Abkühlen ins Frigidarium und zum Schluss vielleicht noch in die komfortablen Salons zum Entspannen und geselligen Beisammensein. Eine elegante Parkanlage umgab das schicke Wellnessbad, und der Clou des Ganzen: Der Eintritt kostete nichts.

Im Süden des neu erschlossenen Stadtbezirks ließ nun Augustus ein Amphitheater vollenden, dessen Bau schon Caesar angeregt hatte: das Marcellustheater, benannt nach dem Sohn Octavias, der Schwester des Augustus. Augustus selbst hatte nur eine einzige Tochter, Julia, die er mit seinem siebzehnjährigen Neffen verheiratete. Denn der junge Marcellus gefiel dem Imperator, er hoffte, in ihm seinen designierten Nachfolger gefunden zu haben. Daraus wurde leider nichts, denn Marcellus starb schon zwei Jahre später. Man munkelt, dass Livia, die machthungrige Frau des Augustus, dabei die Hände im Spiel hatte, denn sie trachtete nach einer glanzvollen Zukunft für Tiberius, ihren Sohn aus erster Ehe.

Wie dem auch sei, Julia wurde nach Marcellus' Ableben mit Agrippa verheiratet und bekam fünf Kinder, doch Papa Augustus schmiedete inzwischen neue Pläne. Livia hatte nämlich ihr Ziel erreicht, Augustus adoptierte Tiberius, erklärte ihn zu seinem rechtmäßigen Nachfolger und verheiratete Julia schließlich mit ihm, als Agrippa das Zeitliche segnete. Es heißt, dass die erzwungene Ehe nicht besonders glücklich gewesen sei.

Im Jahr 14 n. Chr. starb Augustus – „der Erhabene“ im Alter von fast 77 Jahren nach knapp 45-jähriger Herrschaft über Rom. Und er hatte es tatsächlich geschafft, der Stadt ein neues Gesicht zu geben. Zwar wohnten die einfachen Bürger nach wie vor keineswegs in marmornen Palästen. Doch die Stadt verfügte nun über ein Konzept, eine Infrastruktur und eine funktionierende Verwaltung. Sie prunkte außerdem mit marmorweißen Prachtbauten, mit bunten Kapitellen, imposanten Tempelanlagen und beeindruckenden Monumenten, die verschiedenste Stilrichtungen zitierten und als „Augusteischer Klassizismus“ in die Architekturgeschichte eingehen sollten.

Augustus erschuf aus dem heruntergekommenen Rom eine Weltstadt, eine angemessene Hauptstadt für das Imperium Romanum. Als er abtrat, stellte Rom selbst antike Pracht-Metropolen wie Athen und Alexandria weit in den Schatten.

Globi – Mohnknödel aus dem Alten Rom

Zutaten für vier Personen:

200 g Dinkelgrieß
300 g Ricotta
1 Ei
80 g Mohn
100 g flüssiger Honig
reichlich Olivenöl

Zubereitung:

Den Grieß gründlich mit dem Ricotta und dem Ei vermischen und abgedeckt 1 Stunde lang quellen lassen. Anschließend mit den angefeuchteten Händen kleine Knödel aus der Masse formen.

In einer hohen, beschichteten Pfanne reichlich Olivenöl erhitzen und die Knödel hineingeben. Sie sollen im Öl schwimmen. Während des Frittierens die Knödel immer wieder wenden. Sie sind fertig, wenn sie goldbraun sind.

Auf Küchenkrepp abtropfen lassen und danach auf einer Platte anrichten. Mit dem Honig bepinseln, den Mohn darüberstreuen und heiß servieren.

Als Hollywood am Tiber lag – vom Flair einer glamourösen Zeit

Valentino Garavani schäumte vor Wut. Der Krake des Sittenverfalls hatte seine Tentakel ausgestreckt und ausgerechnet gleich neben Valentinos elegantem Modehaus und seinem privaten Palazzo den Inbegriff der Geschmacklosigkeit platziert! Eine Unsitte, die von Amerika auf das alte Europa überschwappte und alles zu zerstören drohte, wofür Valentinos Lebenswerk stand. Am südlichen Ende der altehrwürdigen Piazza di Spagna war ein McDonald's Fast Food Restaurant eröffnet worden!

Das konnte der Modezar, der in den Sechzigerjahren mit grandiosen Abendroben und dem legendären Valentino-Rot zu Ruhm gelangte, unmöglich tatenlos hinnehmen. Das Schnellrestaurant zog ein Publikum an, das hier, in der nobelsten Einkaufsgegend von Rom, nichts verloren hatte. Diese Leute lärmten und hinterließen den ekelhaften Verpackungsmüll auf dem vornehmen Pflaster. Außerdem erwiesen sich die Gerüche, welche die Hamburgerbräterei verbreitete, als vollkommen unerträglich für die feine Nase eines Menschen, der sich in den ätherischen Sphären der Haute Couture bewegte und zudem noch feine Parfums für die Damenwelt kreierte. Deshalb strengte Valentino im Mai 1986 einen Prozess gegen McDonald's an, um die Amerikaner dorthin zurückzuschicken, wo sie herkamen.

Dabei war es doch gerade Amerika gewesen, das Valentino zu seinem kometenhaften Aufstieg in den Olymp der Modegötter verholfen hatte. Denn er baute sein Imperium auf dem Fundament der Fünfzigerjahre auf, der Zeit, als Hollywood am Tiber lag.

Damals erblühten die Filmstudios der Cinecittà, der „Filmstadt" im Südosten von Rom. Von Mussolini errichtet, florierte der Komplex in den Fünfziger- und Sechzigerjahren des letzten Jahrhunderts dank der großartigen italienischen Filmregisseure dieser Zeit. Neben Vittorio De Sica, Luciano Visconti und Roberto Rossellini stach vor allem der geniale Federico Fellini aus ihrer Reihe heraus.

Mit „La dolce vita" schuf er eine Legende, er brachte das euphorische Lebensgefühl, die Leichtfüßigkeit und Beschwingtheit, aber auch die verlogene Dekadenz der römischen Fünfzigerjahre auf die Leinwand. Als Höhepunkt zeigt der Schwarzweißfilm die üppige Schönheit Anita Ekberg im Wasser des Trevi-Brunnens, ein Bild, das Kultstatus erlangte.

Da hatte der Ruhm der italienischen Regisseure, die dem amerikanischen Unterhaltungsfilm europäische Ernsthaftigkeit und intellektuellen Anspruch entgegenhielten, längst das Augenmerk Hollywoods auf sich gelenkt. Die Amerikaner kamen und staunten. Rom – das war etwas ganz anderes als die Schluchten zwischen den Wolkenkratzern oder die einsame Prärie des John Wayne! Rom, das atmete Geschichte und tief verwurzelte Würde im Einklang mit südländischer Lebenslust. In dieser Atmosphäre musste man Filme drehen!

So zogen die Amerikaner nach Cinecittà und drehten dort epochale Historienschinken wie Ben Hur oder Cleopatra. Und mit den Filmteams kamen die großen Stars. In den Pausen zwischen den Dreharbeiten flanierten sie durch die Straßen der Stadt: Elizabeth Taylor, Deborah Kerr, Charlton

Heston, Richard Burton und wie sie alle hießen. Natürlich gesellten sich dazu noch die großen italienischen Diven der Zeit, Sophia Loren, Claudia Cardinale und Gina Lollobrigida, begleitet vom Vater aller Papagalli, dem Frauenschwarm Marcello Mastroianni. Es sind Namen, bei deren Klang der Glanz jener Epoche mitschwingt. Fast möchte man die Augen schließen und sich auf die Via Veneto träumen, jenen römischen Boulevard mit den Nobelhotels der Stars, der einen zentralen Raum in Fellinis „La dolce vita" einnimmt. Dann schlendert man in Gedanken von dort über die Spanische Treppe hinab auf die sagenumwobene Einkaufsstraße Via dei Condotti und betrachtet die exquisiten Dekorationen in den Schaufenstern der Designerläden. Vielleicht öffnet sich eine der Türen, und Maria Callas tritt heraus, mit breitkrempigem Hut und noblem Etuikleid, ein kleines Hündchen hinter sich herziehend und gefolgt von einem Lakaien, der ihre Tüten trägt.

Doch nie wäre es dazu gekommen, wenn nicht ein mutiger Amerikaner den ersten Schritt gemacht hätte. Denn dass Hollywood seine Produktionen teilweise an den Tiber verlegte, stellte keineswegs eine Selbstverständlichkeit dar. Bisher baute man die erforderlichen Kulissen in Filmstudios nach und ließ sie bedarfsweise von Filmzeichnern erweitern. Hinzu kamen sogenannte Rückprojektionen, bei denen Außenaufnahmen auf einer Fläche hinter den Darstellern abgespielt werden. Wir alle erinnern uns an die fast lächerlich künstlich wirkenden Autofahrten vor solchen Hintergrundfilmen, bei denen Haar und Schal der Darsteller im Wind der Studioventilatoren flattern.

Das aber lehnte William Wyler rigoros ab, als man ihm zu Beginn der Fünfzigerjahre die Regiearbeit für den Film „Roman Holiday" antrug. Die Story überzeugte ihn sogleich – schöne Prinzessin trifft charmanten Bürgerlichen und erlebt mit ihm eine Romanze ohne Zukunftsperspektive, eine bittersüße Geschichte mit Herz und Schmerz. So trägt das Werk in der deutschen Synchronisation denn auch den Titel „Ein Herz und eine Krone“. Solch ein Film war zum Kassenschlager geradezu prädestiniert. Doch Wyler wollte noch eins draufsetzen: Statt gekünstelter Kulissen sollte das wirkliche Rom in seiner ganzen Pracht als Bühne des Spektakels dienen! Unglaublich, raunzten die Hollywoodproduzenten und schüttelten vehement ihre Köpfe. Wie sollte man denn ein ganzes Filmteam in so einer unübersichtlichen Stadt wie Rom unter Kontrolle halten?

Aber Wyler verschränkte trotzig die Arme und hielt die Luft an. Da lenkten die Geldgeber schließlich seufzend ein. Das komplette Ensemble und alle zugehörigen Filmschaffenden würden sich erstmals in der Geschichte Hollywoods zu den Originalschauplätzen nach Italien begeben! Zur Strafe wurde allerdings das Budget drastisch gekürzt. Und schließlich brauchte ja auch nichts mehr extra für den Film gebaut zu werden. Dieser Umstand zog es nach sich, dass Wyler sein Werk in Schwarzweiß drehen musste, für Farbmaterial fehlte ihm schlicht und ergreifend das Geld.

Bevor es nun losgehen konnte, gab es noch ein paar Kleinigkeiten zu klären. Elizabeth Taylor, die man sich für die Rolle der Prinzessin wünschte, kam gerade anderen Verpflichtungen nach. Und der große Charmeur Cary Grant, der die männliche Hauptrolle besetzen sollte, lehnte rundheraus ab. Ihm erschien der Part der Prinzessin als viel zu dominant, unter keinen Umständen wollte er in ihren Schatten treten und dort kläglich die zweite Geige spielen.

Als man dann notgedrungen den zweiten männlichen Topstar jener Tage fragte, Gregory Peck, meldete der zunächst ähnliche Bedenken an. Doch schließlich schlug er ein, als er hörte, dass die weibliche Schlüsselrolle mangels anderer Möglichkeiten und dank des mickrigen Filmbudgets einer gänzlich unbekannten Schauspielerin zugewiesen wurde: dem blutjungen britisch-niederländischen Starlet Audrey Hepburn. Niemand kannte diese Frau, aber sie spielte so herausragend und versprühte solch einen unschuldigen Liebreiz, dass ihr das Herz ihres Darstellerkollegen in Windeseile zuflog. Der erfahrene Peck sah voraus, was dieser Film dank Hepburns Leistung bewirken würde, und deshalb bestand er darauf, dass ihr Name am Anfang des Films noch vor dem Filmtitel genannt werden müsse. Dieses Privileg stand nämlich sonst nur den ganz berühmten Filmgrößen zu.

Und Peck sollte recht behalten: Audrey Hepburn kassierte für ihre Darstellung der Prinzessin Ann nicht nur den Oscar, sie avancierte auch zu einer der allergrößten Hollywooddiven der kommenden Epoche. Und noch ein weiteres Kuriosum am Rande: Bei den Statisten, die zu Anfang des Films als italienische Aristokraten anlässlich des Empfangs der Prinzessin auftreten, handelte es sich tatsächlich um italienische Adelige und bei den Pressevertretern in der letzten Filmszene um waschechte Journalisten. Man kann also behaupten, dass „Roman Holiday" ein Experiment mit der Authentizität ist, und dieses Experiment darf als rundum gelungen bezeichnet werden. Keinem anderen Film ist es jemals geglückt, mit solch schlichten Aufnahmen eine derart nachhaltige ikonische Wirkung zu entfalten. Noch heute strahlen Audrey Hepburn und Gregory Peck bei ihrer rasanten Vespafahrt von den Postkartenständern in Rom.

Hier spiegelt sich ein Rom, das Valentino Garavani sich wünschte und dem er seinen Erfolg als Modezar verdankte. Eine der ersten Kundinnen seines 1959 gegründeten Modehauses an der Piazza Mignanelli, gleich neben der Piazza di

Spagna und nur einen Steinwurf von der Spanischen Treppe entfernt, war Elizabeth Taylor. In ihrem Kielwasser folgten Sophia Loren und Jacqueline Kennedy, die sich später von Valentino auch für ihre Glamour-Hochzeit mit Aristoteles Onassis einkleiden ließ. Seine enorme Kreativität trug ihm den hohen Respekt der legendären Vogue-Chefredakteurin Diana Vreeland ein. Valentino stieg zum König der Modewelt auf und erlangte einen märchenhaften Reichtum.

Und dieser Magnat der Hautevolee sollte es nun erdulden müssen, dass sich mit der McDonald's Filiale ein Sinnbild der Proletenkultur genau vor seiner Haustür breitmachte? O tempora, o mores, mag Valentino ausgerufen haben, was für Zeiten, was für Sitten! Ganz wie einst der große Cicero in seiner aufgebrachten Rede im Prozess gegen den korrupten Statthalter Siziliens. Allein, es nutzte Valentino nichts. Die Bulettenbräterei gewann den Prozess, McDonald's und Valentino blieben Nachbarn. Die Zeiten ändern sich nun einmal.

Und sie änderten sich auch für Cinecittà. In den Siebzigerjahren traten die Spaghettiwestern in die Fußstapfen der Sandalenfilme. Doch dann wurde es langsam ruhig um Cinecittà. Der Versuch, den Studios nach der Jahrtausendwende neues Leben einzuhauchen, scheiterte dramatisch. Zwar entstanden hier noch Streifen wie Martin Scorseses „Gangs of New York“ und Mel Gibsons „Die Passion Christi“. Es sah für eine Weile sogar richtig gut aus, denn BBC und RAI schlossen sich zusammen, um die opulente Serie „Rom“ in Cinecittà zu drehen. Diese bis dahin teuerste Serie aller Zeiten geriet zu einem großartigen Erfolg, aber dann schlug im August 2007 das Schicksal grausam zu. Sämtliche Kulissen fielen einem verheerenden Großbrand zum Opfer. Sie galten als weltweit größtes Filmset, ihre Herstellung hatte sagenhafte 73 Millionen Euro verschlungen. Und nun gingen sie in Flammen auf, wie einst die ganze Stadt Rom 1.943 Jahre zuvor. Angeblich hatten damals Schergen des Kaisers Nero das Feuer in dessen Auftrag gelegt, weil er aus der Asche eine neue, glanzvollere Stadt entstehen lassen wollte. So erzählt es „Quo Vadis“, ein Monumentalfilm aus Cinecittà, in dem Peter Ustinov als Nero im Angesicht der brennenden Stadt die Leier schlägt.

So brannte Rom ein zweites Mal. Eine Fortsetzung der Serie „Rom“ stand ohnehin nicht in Planung, jetzt war sie kaum noch darstellbar. Es nicht trotzdem gewagt zu haben, sei ihr größter Fehler gewesen, räumten die Produzenten später ein. Doch manche Dinge lassen sich eben nicht zurückbringen.

Interessierte Filmfans können die Studios aber besichtigen und sich dort vom Charme des alten Glanzes bezaubern lassen. Cinecittà liegt nur etwa neun Kilometer vom Stadtzentrum entfernt und ist bequem mit der Linie 1 der Metro zu erreichen.

Neben Valentinos edlem Modesalon kann man jetzt Hamburger essen. Doch in den Gassen der Altstadt von Rom weht noch immer ein Hauch vom Flair der goldenen Fünfzigerjahre.

Crostata di visciole alla romana – römischer Sauerkirschkuchen

Zutaten:

300 g Mehl
150 g Zucker
150 g Schmalz (kühlschrankkalt)
250 g Sauerkirschmarmelade
3 Eigelbe
1 Eiweiß
die fein abgeriebene Schale einer großen unbehandelten Zitrone
Schmalz zum Einfetten

Zubereitung:

Mehl, Schmalz, Zucker, Zitronenschale und Eigelbe kräftig miteinander verkneten, bis ein geschmeidiger Teig entstanden ist. Anschließend fest in Frischhaltefolie einwickeln und für 1 Stunde in den Kühlschrank legen. Nach Ablauf der Zeit ein Viertel vom Teig abnehmen, wieder einwickeln und zurück in den Kühlschrank legen. Den restlichen Teig so ausrollen, dass er in eine Quicheform passt und man einen kleinen Rand hochdrücken kann. Die Quicheform mit Schmalz einfetten und den Teig entsprechend darin platzieren. Danach mit der Sauerkirschmarmelade bestreichen.

Nun den restlichen Teig aus dem Kühlschrank nehmen, dünn ausrollen und in lange Streifen schneiden. Die Streifen dürfen nicht zu dick sein, da sie sonst beim Backen aufquellen. Die Streifen nun gitterförmig auf dem Kuchen verteilen und an den Seiten mit dem Kuchenteig zusammendrücken. Das Eiweiß mit dem Pinsel auf den Streifen verstreichen.

Den Backofen auf 180°C vorheizen und den Kuchen ca. 35 Minuten lang backen, bis die Oberseite goldbraun ist.

In der Form abkühlen lassen, dann herausnehmen und verspeisen oder bis zum Verzehr in Alufolie eingewickelt bei Zimmertemperatur aufbewahren.

Der Papst und ich – vatikanische Zusammenkünfte

Ich bin nicht katholisch. Deshalb ist es erstaunlich, ja, ich wundere mich sogar selbst darüber, dass ich auf mehrere Begegnungen mit Päpsten zurückblicken kann. Wenn man die Ursache dafür sucht, so findet man sie wohl bei meinem Vater. Obwohl selbst von Haus aus Protestant, durchzog seinen Lebensweg wie ein roter Faden die seltsame Affinität zu allem, was mit Päpsten und dem Vatikan zu tun hatte.

Das wiederum wurzelte in seiner Begegnung mit Papst Pius XII. während des Zweiten Weltkriegs. Dieser Papst galt als sehr deutschfreundlich, worin auch der Grund seiner verhaltenen Reaktionen gegenüber den Verbrechen des Naziregimes vermutet wird.

Jedenfalls lud Pius XII. eines Tages eine Handvoll deutsche Soldaten zur Privataudienz in den Vatikan ein, und unter den wenigen Auserwählten befand sich zufällig mein Vater. Der Papst richtete das Wort an ihn und fragte, ob er ihm einen Wunsch erfüllen könne. In seinem humanistisch geprägten Bildungshunger ersuchte mein Vater prompt um die Erlaubnis, einmal die Vatikanischen Museen besichtigen zu dürfen, die während der Kriegszeit für die Öffentlichkeit gesperrt waren. Pius XII. erteilte ihm daraufhin großmütig freien Eintritt auf Lebenszeit, ein großartiges Privileg. Das dazugehörige Dokument ging meinem Vater während der Kriegswirren verloren, was ihm blieb, war eine tiefe Verehrung, die ihn von nun an immer wieder zurück in vatikanische Gefilde zog.

So erlebte ich erstmals als Kind in den Siebzigerjahren den Ostersegen Urbi et Orbi mit, den der Papst in Anwesenheit von zahlreichen Gläubigen auf dem Petersplatz erteilt. Es handelte sich um Papst Paul VI., und ich erinnere mich noch gut an die graue Menschenmenge, die den Platz an diesem regnerischen Morgen füllte. Es herrschte eine friedliche Stimmung, Anschläge der mörderischen Art waren damals noch kein Thema. Der Sinn des Ganzen entzog sich mir allerdings. Schließlich pflegten meine Eltern normalerweise keine sonderlich intensiven Beziehungen zur Religion, und insbesondere alles Päpstliche war mir bis dato völlig fremd gewesen.

Wenige Jahre später begleitete ich meine Eltern erneut nach Rom. Dieses Mal fanden wir Unterkunft in einem der zahlreichen Pilgerheime der Stadt, unseres lag unmittelbar neben dem Petersplatz. Die freundlichen Nonnen organisierten für meine Eltern Eintrittskarten zu einer Papstaudienz als „sposi novelli" – Jungverheiratete. Angesichts der Tatsache, dass meine Eltern zu diesem Zeitpunkt bereits seit knapp zwei Jahrzehnten verheiratet waren und ich sie als halbwüchsige Tochter begleitete, erschien mir das reichlich absurd. Ich schloss daraus, dass religiöse Menschen manche Tatsachen recht großzügig auslegen, solange es nur zweckdienlich ist, und schloss mich ansonsten meinen Eltern an.

Die Audienz wurde in der damals noch relativ neuen Vatikanischen Audienzhalle abgehalten, einem riesigen Bau mit muschelartig geschwungenem Dach gleich neben dem Petersdom. Zwischen 12.000 und maximal 25.000 Teilnehmer haben darin Platz, und so fand ich mich dort inmitten einer enormen Menschenmenge. Die Begrüßung der einzelnen Pilgergruppen zog sich endlos hin. Ich erinnere mich im Wesentlichen daran, dass ich mich ziemlich langweilte und dass meinen Vater die umfassenden Fremdsprachenkenntnisse des neuen Papstes begeisterten. Es handelte sich um den Polen Karol Józef Wojtyla, der gerade als Johannes Paul II. sein Amt angetreten hatte. Eine außerordentliche Besonderheit, denn zum ersten Mal seit 1523 wurde mit ihm ein Nicht-Italiener für das hohe Amt auserkoren. Das erschien wie eine kleine Revolution, wie ein Vorwärtsruck und der Aufbruch in eine neue Zeit.

Als Johannes Paul II. im Jahr 2005 durch Kardinal Ratzinger als Benedikt XVI. abgelöst wurde, konnte ich also behaupten, dass ich bis dato zwei von vier Päpsten oder, anders ausgedrückt, jeden zweiten live erlebt hatte. Der eine von den beiden, die ich nicht gesehen hatte, war viel zu kurze Zeit im Amt, und beim zweiten wäre mir ehrlich gesagt die Notwendigkeit einer persönlichen Begegnung nie in den Sinn gekommen.

Auch als Benedikt XVI. im Februar 2013 durch den erfrischend sympathischen Argentinier Jorge Mario Bergoglio als Papst Franziskus abgelöst wurde, dem ersten Nicht-Europäer in diesem Amt, wäre ich nicht auf die Idee gekommen, bei einer zukünftigen Romreise eine Papstaudienz mit einzuplanen. Schließlich bin ich ja, ich erwähnte es bereits, nicht katholisch.

Umso verblüffter war ich, als meine Tochter kurz vor dem Aufbruch zu unserer gemeinsamen Reise nach Rom den Wunsch äußerte, an einer Papstaudienz teilzunehmen. Meine erste Reaktion fiel dementsprechend verständnislos aus. Doch beim zweiten Nachdenken beschlich mich leise, wie aus den nebelverhangenen Tiefen einer christlich-abendländischen Prägung, die Frage: Warum eigentlich nicht?

Doch woher sollten wir nun so kurzfristig die Eintrittskarten nehmen? Es blieben nur noch drei Tage bis zum Abflug am

Dienstag, und es war auch noch ausgerechnet Wochenende. Entsprechend negativ verliefen meine Abfragen im Internet, bis ich schließlich doch noch fündig wurde. Mit verblüffender Effizienz erhielt ich eine Zusage für die Generalaudienz am kommenden Mittwoch. Nun würde ich die Karten nur noch am Vorabend des Ereignisses im deutschen Pilgerzentrum in Rom abholen müssen.

Mann und Sohn runzelten die Stirn, als ich mit fröhlichem Elan verkündete, dass wir einer Papstaudienz beiwohnen würden. Doch sie fügten sich schließlich, noch immer kopfschüttelnd, in ihr Schicksal.

Wir landeten am Dienstagnachmittag nur kurze Zeit vor Schließung des Pilgerzentrums in Fiumicino, einem der beiden Flughäfen von Rom, und ich bat den Taxifahrer, auf dem Weg zum Hotel einen Zwischenstopp am Pilgerzentrum einzulegen. Er hielt trotz Verkehrschaos im Halteverbot am Lungotevere, der am Tiberufer verlaufenden Straße. Ich eilte durch den Regen, der inzwischen eingesetzt hatte. Im Pilgerzentrum händigte mir eine lächelnde Dame ganz unbürokratisch die Audienzkarten aus – ich konnte mein Glück kaum fassen. Als ich zum Taxi zurücklief, lag vor mir die Engelsburg zum Greifen nahe zwischen den Regenschleiern. Wo ich doch eben noch im Flugzeug gesessen hatte, schien es mir nun, als sei ich mitten in einen surrealen Traum hineingeraten.

Natürlich hatten wir inzwischen die Hinweise zum Audienzbesuch studiert, die uns mit der Zusage per E-Mail übermittelt worden waren. Die Audienz selbst würde um zehn Uhr auf dem Petersplatz beginnen, damit wir uns dort aber eine Position mit einigermaßen guter Sicht sichern konnten, empfahl man uns, bereits um sieben Uhr vor Ort zu sein und auf den Einlass zu warten. Um sieben Uhr? Wir wollten es zwar nicht übertreiben, aber anscheinend sollten wir uns wohl doch so früh wie möglich auf den Weg machen. Meine Tochter nahm es klaglos hin.

Ab sieben Uhr gab es Frühstück in unserem Hotel, und als wir um Punkt sieben Uhr dazu erschienen, drängten sich am Buffet bereits die Menschen. Ganz offensichtlich waren wir nicht die Einzigen, die den Papst heute sehen wollten. Um keine Zeit zu verlieren, ließen wir uns vom Taxi zum Petersplatz bringen. Der Fahrer hielt am Anfang der Via della Conciliazione, der zum Petersdom führenden Prachtstraße, deren Bau einst Mussolini veranlasst hatte. Jetzt war sie für die weitere Durchfahrt gesperrt und wir mussten uns zu Fuß der ersten Sicherheitskontrolle unterziehen. Eine weitere Kontrolle würde uns noch einmal am direkten Zugang zum Petersplatz erwarten.

Doch zwischen diesen beiden Kontrollpunkten lag das Schlachtfeld des Kampfs um den besten Platz am Papstbaldachin. Selten habe ich so viele Menschen auf einmal erlebt, die sich in blutrünstige Raubtiere verwandeln. Es erschien mir, als sei von manchen Audienzgästen jegliche christliche Moral abgefallen angesichts der Aussicht, einen Blick auf den Papst zu erhaschen.

Ohne die lautstarken Proteste zu beachten, versuchte eine Gruppe älterer Italiener, sich unter brutalem Einsatz von Ellenbogen, Füßen und Hüften seitlich in die Warteschlange zu drängen. Diese Rüpelhaftigkeit beantwortete die dort anstehende deutsche Pilgergruppe ihrerseits mit den Ellenbogen und mit grobem Zurückschubsen. Ein junger Mann mit Schlägermütze schob derweil kurzerhand von der Seite einen dreirädrigen Kinderwagen zwischen die Beine der Wartenden, um sich damit einen Weg nach vorne zu bahnen. Durch das Absperrgitter kletterte eine wohlfrisierte Dame vorbei an allen anderen zum Eingang. Sie meinte allen Ernstes, mit einem

Rollkoffer zur Audienz zu müssen. Das überforderte die Einlasskontrolle natürlich und sorgte für eine erbitterte Diskussion zwischen ihr und dem Security-Mann, die den ganzen Betrieb aufhielt. Darauf wiederum reagierten die dahinter Wartenden mit zunehmendem Unmut. Ohne Unterlass drückten sie mir ihre Ellenbogen in den Rücken und ihre Knie gegen die Oberschenkel, quetschten mich von allen Seiten ein, bis mir fast die Luft ausblieb. Und als wir dann endlich doch durch die Kontrolle gelangten, Stühle in einer der hintersten Reihen fanden und dort Platz nahmen, da setzte die wütende Schimpferei von denen ein, die keinen Sitzplatz mehr ergattert hatten.

Diese ungezügelte Raserei hat mich ehrlich schockiert. Weder kannte ich sie von der früheren Papstaudienz noch von anderen Veranstaltungen, wie zum Beispiel Rockkonzerten, wo man doch meinen könnte, dass sich begeisterte Fans nicht minder rücksichtslos verhalten würden.

Als es dann endlich losging und der Papst seine Rundfahrt im Papamobil antrat, da erreichte die fiebrige Spannung ihren Höhepunkt. Wer einen Stuhl erobert hatte, stellte sich nun auf die Sitzfläche, um bessere Sicht zu haben. Dass für all die vielen Audienzteilnehmer, die sich mit einem Stehplatz bescheiden mussten, nun gar keine Chance mehr auf einen kurzen Papstblick blieb, irritierte die Stuhlsteher nicht. Die lautstarken Proteste der Unglücklichen verhallten in der Kakophonie allgemeiner Begeisterung. Schließlich verlor ein hinter uns stehender Kapuzenshirtträger die Geduld und riss den Herrn im feinen Zwirn, der in der Reihe vor uns auf seinem Stuhl stand und filmte, durch beherzten Zugriff über uns hinweg von seinem Stuhl und löste damit beinahe eine Schlägerei aus.

Inzwischen wurden die zahllosen eigens angereisten Pilgergruppen über Lautsprecher begrüßt und in ihrer jeweiligen

Landessprache angesprochen, Anlass zu höchster Euphorie. Wie Wellen fluteten ihre Jubelrufe die verschiedenen Bereiche des Petersplatzes, und endlich ergriff die Massen auch so etwas wie eine erwartungsfrohe Volksfeststimmung.

Dann, während der Ansprache des Papstes, glätteten sich die Wogen langsam. Allmählich ebbte der hitzige Wahn ab, weil nun wohl auch der letzte Anwesende zu der Einsicht gelangte, dass mehr Papstnähe selbst beim allergrößten Einsatz nicht mehr zu erobern war. Außerdem zeigten jetzt die riesigen Leinwände den Papst in Großaufnahme. Viele der Anwesenden klebten ihm an den Lippen, während er seine Rede in italienischer Sprache hielt. Andere verharrten in unruhiger Anspannung, fast wie Schüler, die einen Vortrag des Lehrers über sich ergehen lassen, dessen Inhalt sich ihnen nicht erschließt. Vermutlich verstanden die meisten tatsächlich nicht allzu viel, denn die Pilger kamen aus aller Herren Länder. Was für sie zählte, war allein die Aura des Heiligen Vaters. Die neben mir sitzende alte Japanerin schwenkte ihre Nationalflagge so andächtig, als sei sie in Trance gefallen.

Und als die Audienz schließlich zu Ende ging, lichtete sich das Feld recht schnell und hinterließ die erschöpfte Erleichterung, die der Auflösung großer Menschenmengen zu eigen ist. Der Petersplatz schien wie ein verlassener Strand nach der Sturmflut, nur hier und da standen wie vergessenes Treibgut noch ein paar Menschen plaudernd zusammen. Ziemlich ermattet verließen auch wir schließlich den Ort des Geschehens, nachdem wir zuvor noch die beiden Punkte „Centro del Colonnato“ aufgesucht hatten. Der geniale Baumeister Gian Lorenzo Bernini hat es bei seiner Gestaltung des Petersplatzes nämlich so eingerichtet, dass man die vier rahmenden Kolonnadenreihen auf jeder Seite von einem Brennpunkt aus als nur eine einzige Säulenreihe wahrnimmt.

Die atemlose Stimmung zwischen Schlacht und Seligkeit trugen wir mit uns fort, und sie wirkte noch lange Zeit nach. Denn die Generalaudienz auf dem Petersplatz ist ein unvergleichliches Spektakel. Für gläubige Katholiken hat sie sicherlich noch eine viel größere Bedeutung als für alle anderen. Doch sie ist für jeden ein Erlebnis, das den Besuch in Rom um eine Dimension erweitert. Hier fühlt man die erschreckend destruktive Energie, die der von einem Ziel besessenen Menschenmenge innewohnen kann. Aber man spürt auch wie nirgends sonst die ganze Macht und die Ausstrahlung des religiösen Kraftzentrums, das Rom während der letzten beiden Jahrtausende geprägt hat. Deshalb bleibt ein Besuch in Rom ohne diese Erfahrung wohl in gewisser Weise unvollständig. Und das hat meine Tochter ganz offensichtlich geahnt.

Baccalà alla romana – Stockfisch auf römische Art

Zutaten für 4 Personen:

600 g Stockfisch (vom Kabeljau, auf gute Qualität achten)
4 große Kartoffeln
1 Zwiebel
80 g Rosinen
50 g Pinienkerne
20 entsteinte schwarze Oliven
400 g Tomaten aus der Dose (stückig)
Olivenöl
Oregano
Salz, Pfeffer

Zubereitung:

Den Stockfisch zwei Tage lang im Kühlschrank in Wasser einweichen, währenddessen das Wasser mehrfach austauschen. Anschließend unter fließendem Wasser gründlich abspülen und dabei das Salz entfernen. Danach gut trocken tupfen und in ca. 2 cm dicke Streifen schneiden.

Die Kartoffeln schälen und in ca. 1 cm dicke Scheiben schneiden. Auf beiden Seiten salzen, pfeffern und mit Olivenöl beträufeln. Dann auf dem Boden einer Auflaufform verteilen. Die Zwiebel ebenfalls schälen und in dünne Scheiben schneiden, anschließend auf die Kartoffeln legen. Darüber gleichmäßig die Oliven, Rosinen und Pinienkerne verteilen und zum Schluss die Fischstücke darüberschichten.

Die Dosentomaten in eine Schüssel geben und einen guten Schuss Olivenöl hinzugießen. Salzen, pfeffern und mit etwas Oregano würzen. Dann alle Stockfischstücke gut mit der Tomatensauce bedecken.

Den Backofen auf 190°C vorheizen und die Auflaufform für 45 Minuten hineinstellen. Danach die Hitze auf 220°C erhöhen und die Baccalà 10 Minuten lang fertigbacken.

Mit knusprigem Weißbrot servieren.

Von Feuer, Intrigen und Mord – Rom in der Hand eines Wahnsinnigen

„Ich bin eins mit den Göttern, bin unsterblich, ich bin Nero, der Künstler, der mit Feuer die Träume seines Lebens zur Wirklichkeit weckt!" Mit diesen zum Lied vertonten Zeilen feierte der Kaiser sich am Fenster seines Palastes und betrachtete voll Wohlgefallen das Flammenmeer, das die Stadt Rom verzehrte.

So geschah es, wenn man den Machern des Hollywoodstreifens „Quo Vadis" Glauben schenken darf. Und folgt man dem altrömischen Historiker Tacitus, so ging im damaligen Rom zumindest das Gerücht, der Kaiser habe das flammende Inferno für eine melodramatische Gesangsdarbietung missbraucht. Nicht zuletzt deshalb stand für zeitgenössische Meinungsmacher und Kolumnisten fest: Kein anderer als Kaiser Nero persönlich hatte in seinem Wahn den verheerenden Großbrand des Jahres 64 legen lassen.

Drei der 14 Stadtbezirke Roms wurden dabei völlig zerstört, sieben weitere zumindest stark in Mitleidenschaft gezogen. Sechs Tage und sieben Nächte lang wüteten die Flammen, wie viele Menschen dabei den Tod fanden, konnte nie geklärt werden. Doch Hunderttausende standen vor dem Nichts, als das Unheil schließlich ein Ende fand. Ihre Häuser, ihr Hab und Gut, alles war restlos zerstört. Die Arbeitsplätze, die kleinen Handwerksbetriebe, die Läden und die Garküchen, nichts davon existierte mehr. Obdachlosigkeit, Hunger, Verzweiflung und das Fehlen jeglicher Zukunftsperspektive quälten die Massen.

Der Kaiser stand vor einer Mammutaufgabe. Um die erste Not zu lindern, ließ er Behelfsunterkünfte errichten und Lebensmittel aus dem Umland herbeischaffen. Und um die immensen Kosten des Wiederaufbaus irgendwie zu stemmen, schröpfte er wohlhabende Bürger, Gemeinden und schließlich sämtliche Provinzen seines riesigen Reichs bis aufs Letzte. Seiner Beliebtheit war das nicht gerade zuträglich, zumal sich die Gerüchte weiter verdichteten, kein anderer als er selbst habe die Brandkatastrophe angezettelt. Schließlich wusste jedermann, dass Nero die chaotische Stadt Rom mit ganzer Inbrunst verabscheute. Lag es da nicht auf der Hand, dass er mithilfe des Feuers Tabula rasa machen wollte, um aus der Asche den Phoenix einer neuen, glanzvolleren Stadt erstehen zu lassen?

Rastlos ging der Kaiser in seinen Räumen auf und ab. Was hier hinter seinem Rücken gemunkelt wurde, stellte eine ungeheure Unterstellung dar. Schließlich hatten die Flammen doch auch den Bau seines eigenen Palastes zunichtegemacht, die geplante Domus Transitoria auf dem Palatin. Etliche Teile davon waren bereits fertig und mit herrlichen Wandmalereien verziert gewesen. Dieser Prachtbau sollte die Bauwerke seiner Vorgänger auf dem Hügel Palatin mit den wundervollen Gärten auf dem gegenüberliegenden Hügel Esquilin verbinden und zu einer kolossalen Schlossanlage verschmelzen lassen. Ganz, wie es sich für den göttlichen Kaiser des Imperium Romanum gebührte. Die Frevler, die nun solch übles Gerede über ihn in die Welt setzten, mussten doch wissen, dass er niemals seinen eigenen Monumentalbau aufs Spiel setzen würde! Wie konnten sie dann solch grässliche Behauptungen aufstellen? Wie hatte es nur so weit kommen können? Warum hassten ihn die Menschen so sehr?

Nero war erst 16 Jahre alt, als er nach dem Tod seines Stiefvaters Claudius am 13. Oktober 54 den Thron bestieg. Da hatte er bereits eine vorzügliche Ausbildung in Sprache, Mathematik und Literatur genossen, und der große Seneca persönlich lehrte ihn Philosophie, Politik und Selbstdisziplinierung gemäß der stoischen Lehre. Nero galt als großer Hoffnungsträger, ein Jüngling voller Esprit und Elan, gesegnet mit einem feinsinnigen Gespür für die schönen Künste. Ganz in diesem Sinne trat er die Regierungsgeschäfte als friedliebender und wohlüberlegt handelnder Herrscher an, voller guter Absichten und Fürsorge für seine Untertanen.

Doch schon bald darauf muss irgendetwas schiefgegangen sein. Vielleicht ist die Ursache bei seiner verschlagenen Mutter Agrippina zu suchen, durch deren Intrigen er seine Position als Thronfolger überhaupt erst erlangt hatte. Nun hoffte die machtbesessene Frau, sie könne ihren Sohn instrumentalisieren und selbst durch ihn über das römische Reich herrschen. Doch als der Heranwachsende allmählich eigenes Profil entwickelte, sah sie die Früchte ihres mühsam eingefädelten Ränkespiels mehr und mehr dahinschwinden.

Daher versuchte sie, den Sohn durch Drohungen und Erpressungen in Schach zu halten. Vielleicht ist es Agrippina gewesen, die zuerst behauptete, Nero haben seinen Stiefbruder Britannicus vergiftet. Britannicus, der Sohn des Claudius und dessen früherer Ehefrau Messalina, war Epileptiker und von zerbrechlicher Gesundheit. Der Himmel weiß, was wirklich zu seinem Tod im Alter von nur 14 Jahren geführt haben mochte. Doch ist ein böses Gerücht erst einmal in die Welt hinaus entlassen, dann bahnt es sich rasch seinen weiteren Weg. Zunächst noch hinter vorgehaltener Hand, ist es schon bald in aller Munde und formt sich schließlich zu einer felsenfesten Überzeugung. Der Leumund des Brudermörders haftete jedenfalls schon bald an Nero wie ein grässliches Stigma.

Agrippina jedoch ließ nicht davon ab, ihre Stacheln weiter in die Seelenruhe ihres Sohnes zu schlagen, und sie trieb es dabei so weit, dass Nero schließlich endgültig der Kragen platzte. Er ließ Agrippina töten und avancierte damit auch noch zum Muttermörder. Das ließ seine Sympathiewerte beim römischen Volk nicht gerade emporschnellen.

Auf die sich immer weiter verbreitende Ablehnung reagierte Nero mit einem Rundumschlag. Gegen alle, die nicht mit auf seiner Linie lagen, führte er Prozesse wegen Hochverrats, die mit einem Todesurteil und anschließender Konfiszierung des Vermögens endeten. Seine Frau Octavia, eine Tochter des Claudius, verstieß er zugunsten einer Geliebten, was sich als weiterer strategischer Fehler erwies. Denn das Volk liebte Octavia und reagierte mit Massenprotest und schweren Ausschreitungen. Da ließ Nero, ganz gelehriger Schüler seiner Mutter, das Gerücht streuen, Octavia habe mitsamt einem Geliebten Intrigen gegen ihn geschmiedet. Er verbannte seine Ex auf eine Insel und ließ ihr dort die Pulsadern aufschneiden, um einen Selbstmord vorzutäuschen.

Nun hatte Nero auch das allerletzte Wohlwollen seines Volks verspielt. Kein Wunder also, dass er jetzt als absoluter Fiesling galt. Von dort bis zum Verdacht, er habe die ganze Stadt in Brand gesteckt, war es nur noch ein winziger Schritt.

„Schluss damit!", brüllte Nero, ballte die Fäuste und beendete sein rastloses Auf- und Abgehen, indem er noch einmal kräftig mit dem Fuß aufstampfte. Das Ganze würde ein Ende nehmen, und zwar sofort. Denn endlich war ihm die rettende Idee gekommen. Er brauchte einen Sündenbock, ja besser noch, gleich eine ganze Reihe von Sündenböcken! Wenn es gelang, üble Verdächtigungen gegen ihn in die Welt zu setzen, wie leicht musste es ihm als mächtigstem Mann des Imperiums dann erst fallen, Gerüchte gegen andere zu streuen?

Es gab seit geraumer Zeit eine neue Sekte in Rom, ihre Anhänger nannten sich „Christen". Das Volk mochte diese Leute mit ihrem Frömmigkeitsgehabe nicht, denn sie traten die althergebrachten Regeln mit Füßen und wandten sich auf lästerliche Weise von den Göttern der Vorväter ab. Es war ein Leichtes, diesen Ketzern die Schuld am großen Brand in ihre Riemensandalen zu schieben!

Auf Neros Verleumdung folgte ein schreckliches Pogrom an den Christen von Rom. Sie wurden gekreuzigt oder den wilden Hunden zum Zerreißen vorgeworfen. Die meisten aber starben während der Nächte als lebende Fackeln in den kaiserlichen Parkanlagen. Denn der Feuertod hielt damals als gerechte Strafe für Brandstifter her, und als solche galten die Christen nun gemeinhin. Niemand weiß, wie viele Menschen der infamen Kampagne des Kaisers zum Opfer fielen, doch nach Schätzungen sind es wohl an die 300 gewesen und damit rund zehn Prozent der Christen, die damals, gut 30 Jahre nach der Kreuzigung des Jesus von Nazareth, in der Stadt lebten.

Für Kaiser Nero aber waren die Wogen zunächst wieder geglättet. Während Rom unter sorgfältiger Planung als moderne Stadt neu aufgebaut wurde, kam ihm die glorreiche Idee, aus der Not eine Tugend für sich selbst zu machen. Denn durch den gewaltigen Brand war eine freie Fläche zwischen den Hügeln Palatin, Esquilin und Caelius entstanden, ein wahrhaftig gigantisches Areal. Und hierauf, so beschied der Kaiser, würde sein neuer Palast entstehen, größer, prächtiger und atemberaubender, als es die Welt je zuvor gesehen hatte: die Domus Aurea, das Goldene Haus!

Als Grundfläche standen für dieses ehrgeizige Projekt sagenhafte 100 Hektar zur Verfügung. Die repräsentative

Eingangshalle ließ Nero auf dem Palatin errichten, dem altgedienten Palasthügel. Das gewaltige Vestibül schmückte eine 35 Meter hohe Kolossalstatue des Kaisers selbst, die drei anschließenden Säulenhallen erstreckten sich über eine Länge von 1,5 Kilometern.

So zog sich der Gebäudekomplex bis hinüber auf den Esquilin, wo die Gärten und der Palast des Maecenas in die Anlage integriert wurden. Dieser Maecenas hatte zur Zeit des Kaisers Augustus gelebt und sich als Förderer der schönen Künste so engagiert hervorgetan, dass sein Name zur allgemeinen Bezeichnung für derartige Gönner aufstieg – „Mäzen". Entsprechend arkadisch präsentierte sich seine persönliche Wohnstätte und entzückte das kunstverliebte Auge des Kaisers Nero.

Weiter zog sich Neros fantastisches Bauwerk bis zum Caelius, auf dem der Tempel des Claudius lag. Stiefpapas Heiligtum ließ Nero als weiteren Teil seines Palastes zu einem pittoresken Nymphäum umgestalten, einer aufwendigen Brunnenanlage mit zauberhaften Wasserspielen. Und in der Talsenke zwischen den drei durch die neue Heimstatt beanspruchten Hügeln veranlasste er die Ausschachtung eines weitläufigen Sees. So konnte man am Ufer lustwandelnd von einem Gebäudetrakt des Märchenschlosses zum anderen flanieren. Dazwischen lagen romantische Landhäuser, umgeben von Feldern, Weinbergen und Weiden, Tiergärten und Wäldern. Teile der Palastanlage ließ er vollständig vergolden, die Räume mit Marmor, feinsten Stuckaturen und großartigen Fresken schmücken. Die Festsäle besaßen Decken aus Elfenbein, worin sich Öffnungen befanden, aus denen die Sklaven Blüten, Goldstaub und ätherische Öle auf die illustren Gäste herabregnen ließen. Hinzu kamen luxuriöse Bäder mit opulenten Wellnessanlagen, und als das Goldene Haus endlich eingeweiht werden konnte, da soll Nero zufrieden gelächelt haben. „Endlich", so seufzte der Kaiser verzückt, „wohne ich in einem Haus, das eines Menschen würdig ist!"

Die Römer zerrissen sich die Mäuler angesichts dieser Manifestation von Größenwahn, die einen guten Teil ihrer schönen Stadt raubte und zur kaiserlichen Privatstadt umfunktionierte. Und wer kam für die Kosten all dessen auf? Die Staatskassen gähnten vor Leere, die Schulden stiegen mittlerweile ins Unermessliche. Das allgemeine Murren gegen den Kaiser begann allmählich zum lautstarken Protest anzuschwellen.

Als dann Neros zweite Frau während einer Schwangerschaft starb, war es nicht weiter verwunderlich, dass ihm auch dieser Todesfall angelastet wurde. Zumal der Kaiser rasch die Nächste ehelichte, nachdem er zuvor deren bisherigen Gatten auf satanische Weise zum Selbstmord gezwungen hatte.

Da half es auch nicht, dass er sich als Gesangskünstler und Charakterdarsteller in der alten Tradition des griechischen Theaters inszenierte oder als Sportler bei den Olympischen Spielen das höchste Podest eroberte. Denn den Sieg erlangte er nur durch plumpe Bestechung der Schiedsrichter. Er tummelte sich in Griechenland herum und gab den großen Verehrer der hellenistischen Kultur, während daheim in Rom die Stimmung immer mehr in den Keller sackte. Inzwischen schien Nero der Realität völlig entrückt. Bei seiner Rückkehr in die Hauptstadt schwelgte er in pompösen Festen, veranstaltete kostspielige Konzerte, Spiele und Theateraufführungen im Goldenen Haus, so lange, bis der Schuldenberg über ihm zu kollabieren drohte.

In seinem Rausch übersah der Kaiser das Unheil, das sich hinter seinem Rücken zusammenbraute, wo sich die Kräfte des Widerstands schließlich zur offenen Rebellion formierten. Immer mehr einflussreiche Adelige und Angehörige des Militärs schlossen sich gegen Nero zusammen. Es nutzte ihm auch nicht mehr, dass er theatralisch in Ohnmacht sank, als ihm im Juni 68 endlich darüber Bericht erstattet wurde. In der Not reagierte er panisch und lief davon. Sein Plan, sich im ägyptischen Exil in Sicherheit zu bringen, schlug jedoch fehl. Man trieb ihn auf dem Weg zum Hafen von Ostia in die Enge. Alle hatten sich inzwischen von Nero abgewandt, niemand bot ihm mehr Unterschlupf. „Welch ein Künstler geht mit mir zugrunde!“, soll er immer wieder verzweifelt ausgerufen haben, während er auf der Flucht vor den Soldaten durch die Nacht irrte. Und als auch der allerletzte Ausweg verschlossen blieb, da stach er sich mithilfe seines Sekretärs einen Dolch in die Kehle.

So starb der weltentrückte Sonderling. Die Asche seines Leichnams, wir hörten es bereits, wurde auf dem Monte Pincio beigesetzt. Nach einigem Gerangel um die Macht stieg noch im gleichen Jahr Vespasian zum Imperator auf, ein Flavier. Dies war das Ende der kaiserlichen Dynastie aus dem julisch-claudischen Adelshaus. Und schon bald darauf wurde die prachtvolle Domus Aurea geplündert und teilweise abgerissen.

Bis zum heutigen Tag hat Nero den Ruf eines ausgemachten Scheusals. Wie viel davon der Wirklichkeit entspricht und was der negativen Propaganda geschuldet ist, die auf sein Ableben folgte, lässt sich nicht mehr endgültig klären. Ob Nero wirklich für den großen Brand von Rom verantwortlich gewesen ist, kann niemand sagen. Vermutlich wurde er zumindest in diesem Fall zu Unrecht bezichtigt, denn Brände wüteten oft in Rom, und auch die Unterstellung, er habe mithilfe des Feuers Platz für sein Goldenes Haus schaffen wollen, geht wohl zu weit.

Als Tatsache bleibt, dass Nero in seiner wahnhaften Liebe zu Schönheit und Kunst jedwede Bodenhaftung einbüßte. Er war nicht der Einzige und nicht der Letzte, dessen Geist auf derartige Abwege geriet und dessen Umwelt auf die haarsträubenden Exzesse mit Abscheu reagierte. Und das nimmt nur selten ein glückliches Ende.

Carnes in folium – altrömische Frikadellen in Weinblättern

Zutaten für 4 Personen:

600 g Rindergehacktes
100 g trockenes Brot
250 ml Weißwein
3 EL Garum (altrömische Fischsauce, ersatzweise asiatische Fischsauce oder Worcestersauce)
50 g Pinienkerne
1 Glas eingelegte Weinblätter
Olivenöl
Pfeffer, Salz

Zubereitung:

Das Brot würfeln und 30 Minuten lang im Weißwein einweichen. Dann mit den Händen gut zerdrücken und mit dem Fleisch in eine Schüssel geben. Mit Salz, Pfeffer und Garum würzen. Die Pinienkerne hacken und hinzugeben.

Alles gut miteinander verkneten und dann kleine Frikadellen aus der Masse formen. Die Weinblätter abtropfen lassen und die Frikadellen jeweils damit umwickeln. In einer Pfanne reichlich Olivenöl erhitzen und die Frikadellen bei mittlerer Hitze von beiden Seiten je 5 Minuten lang braten. Auf Küchenkrepp abtropfen lassen und mit Weißbrot und Salat servieren.

Bei Garum handelte es sich um eine Würzsauce, die aus fermentierten Fischen hergestellt wurde. Als Standardgewürz wurde es so gut wie allen Speisen zugesetzt, in den einfachen Garküchen auch, um den schlechten Beigeschmack bereits verdorbener Gerichte zu überdecken.

Zwischen Plüsch und Kunst – das Antico Caffè Greco

Endlich! Ein unscheinbares Fenster, eine hölzerne Tür unter dem gemauerten Bogen in der verwitterten Fassade des alten Stadthauses. Ein Lächeln zuckt über Carl Philipps Lippen. „Grimsel", sagt er zu der großen Mischlingshündin, die schwanzwedelnd zu ihm aufblickt und dabei fröhlich hechelt, „Grimsel, wir haben es geschafft! Wir sind angekommen!"

Dann drückt er die Messingklinke, sie ist blankgewetzt von den vielen Händen, die sie im Lauf der Jahre niedergedrückt haben. Mit schwerem Knarzen öffnet sich die Tür, Kaffeeduft und Stimmengewirr schlagen Carl Philipp entgegen. Da ist eine Theke mit süßem Gebäck, und durch die Menschengruppe, die im Vorraum beisammensteht, bahnt sich ein livrierter Kellner den Weg, dabei ein Tablett mit Tassen beflissen über die Köpfe hinwegbalancierend.

Carl Philipp verweilt einen Moment bei der Tür, atmet tief ein und saugt die Dichte des Augenblicks in sich auf. Dann endlich bahnt er sich seinen Weg durch den schmalen Gang, der die einzelnen Räume der Kaffeestube miteinander verbindet. Zwischen stuckverzierten Decken und barocken Vliestapeten sind die Wände über und über mit Gemälden behängt, füllen Skulpturen, Büsten und Reliefs jede Nische. Schließlich findet er Platz auf einem der mit rotem Samt bezogenen Stühle, die sich um die vielen runden Marmortischchen gruppieren. „Kaffee!“, gebietet er dem Kellner, lehnt sich zurück und streicht mit der Hand über den Kopf der Hündin, die aufmerksam um sich schaut und die Vielfalt der Eindrücke auf deren praktischen Nutzen zu untersuchen scheint.

Bald schon neigt sich ein fülliger, grau gelockter Herr von der ebenfalls rotsamtenen Nebenbank hinüber zu Carl Philipp. „Bursche“, so spricht er ihn an, „du bist neu hier, sag, kommst du aus der Heimat?“ Da erzählt ihm Carl Philipp frei heraus, dass er soeben aus Norditalien angekommen ist, wohin er zuvor aus München gewandert war. Die ganze Strecke zu Fuß, nur von einer einzigen Gefährtin begleitet, der Mischlingshündin Grimsel, und nur ein Ziel vor Augen: die deutsche Künstlerkolonie in Rom!

Der Grauhaarige ist Joseph Anton Koch, ein Biedermeiermaler aus Tirol. Er ist in Rom, um sich von Asmus Carstens schulen zu lassen, einem Maler des Klassizismus, der aus der Nähe des norddeutschen Schleswig stammt. Wie auch andere Künstler hat es die beiden nach Rom gezogen, unter südlicher Sonne suchen sie Inspiration bei den großen Meistern der Antike, der Renaissance und des römischen Barock.

Koch winkt einen anderen herbei, um ihn Carl Philipp vorzustellen, einen jüngeren Mann. Es ist Friedrich Overbeck, ein Maler aus Lübeck. „Mein Freund Overbeck“, lacht Koch, „starr vor Ernsthaftigkeit. Halt dich an ihn, wenn du Erleuchtung im spirituellen Dunkel suchst, denn er malt religiöses Zeug, genau wie Peter von Cornelius aus Düsseldorf – du siehst ihn dort drüben zusammen mit dem Knaben Philipp Veit aus Berlin. Der ist so jung, dass er noch feucht hinter den Ohren ist!“ Mit übertrieben ausladender Geste weist Koch hinüber zu den beiden, die in der anderen Ecke des Salons sitzen und verschwörerisch die Köpfe zusammenstecken, und dabei fegt er um ein Haar einem vorbeieilenden Kellner das Tablett aus der Hand.

„Halt an dich", rügt ihn Overbeck, der sich betont aufrecht hält. Sein glattes, dunkles Haar trägt er schulterlang und hinter die Ohren gesteckt, wie ein Krähenschnabel ragt seine lange Nase aus dem hageren Gesicht hervor. „Wir besinnen uns auf den religiösen Auftrag der Kunst und malen nicht wie du schwülstige Landschaftsdramen, die nichts als der heroisch überhöhten Dekoration dekadent-verkommener Adelsstuben dienen!" Er rümpft die Nase, als wolle er seine Worte noch mit einer Prise Abscheu würzen, dann wendet er sich energisch ab und den beiden anderen in der Ecke des Gastraumes zu.

„Mach dir nichts daraus", lacht Koch und ruft den Kellner, um weiteren Kaffee zu ordern. „Sie sind die Nazarener, sie wollen den religiösen Geist in die Kunst zurückbringen. Overbeck kann es nicht verwinden, dass Goethe über ihn gesagt hat, er wolle sich rückwärts bilden, um in den Schoß der Mutter zurückzukehren!" Amüsiert und beglückt hat Carl Philipp die Szene beobachtet. Hier ist er richtig, hier wird er bleiben! Im Pulk der deutschen Künstler von Rom will er seine Inspiration finden.

Carl Philipp Fohr wurde 1795 in Heidelberg geboren. An der Akademie in München hat er eine Weile studiert, doch schnell gespürt, dass er seine Inspiration nicht in der Enge der Hochschule finden kann. Er möchte Landschaften malen, möchte die liebliche Romantik des Südens und die großartige Kunst der alten Meister kennenlernen. So ist er nach Rom gewandert, und schon bald wird er sich mit bedeutenden Vertretern der einzelnen Kunstrichtungen anfreunden. Dann wird er eine seiner wichtigsten Arbeiten in Angriff nehmen, ein Gruppenbild der deutschen Künstler in Rom, von ähnlicher Bedeutungsschwere und klassizistischer Erzähltiefe wie Raffaels berühmte „Schule von Athen".

Sein Mammutwerk sollte jedoch über einen gezeichneten Entwurf niemals hinauskommen. Carl Philipp Fohr ertrank 1818 beim Bad im Tiber, noch keine 23 Jahre alt. Doch auf der Zeichnung hat er sie zusammengeführt, die Vertreter der verschiedenen Richtungen der Malerei, zwischen den zerstrittenen Gruppen die treue Hündin Grimsel, alle inmitten ihres geliebten und umschwärmten Treffpunkts: dem Caffè Greco in der Via dei Condotti.

Schon der legendäre Verführer Giacomo Casanova berichtet 1742 von einem „Caffè di Strada Condotta", wie die zur Piazza di Spagna führende Straße zu seiner Zeit noch hieß. Ihren Namen verdankt sie der Wasserleitung, der „conduttura", die entlang dieser Trasse zu den Agrippa-Thermen auf dem Marsfeld führte. Eine Steuerurkunde aus dem Jahr 1760 gilt als erstes offizielles Dokument, das Nachweis über die tatsächliche Existenz dieses Cafés erbringt. Sie nennt als dessen Besitzer Nicola di Maddalena, einen Levantiner, und weil für die Römer alles, was östlich von Italien lag, zur Levante gehörte, erhielt sein Café schon bald den Spitznamen „griechisches Café" – „Caffè Greco".

In der Umgebung des Cafés, im engen Gedränge der Stadthäuser des barocken Viertels von Rom, fanden Künstler und Gäste aus dem Ausland günstige Unterkünfte. Der clevere Nicola di Maddalena sah darin seine Chance auf dem schon damals hart umkämpften gastronomischen Markt der Stadt. Er bot seinen Gästen für kleines Geld eine Tasse Kaffee, dazu – zunächst in nur einem einzigen kleinen Raum – ein inspirierendes Ambiente mit klassizistischer Dekoration.

Die Rechnung ging auf. Es waren vor allem Deutsche, die es im Zeitalter der Romantik auf der Suche nach den Spuren der Antike nach Rom verschlug und die das Caffè Greco zum Ort ihrer Zusammenkünfte auserkoren. Ihr Trendsetter war kein

Geringerer als Johann Wolfgang von Goethe, der auf seiner italienischen Reise im Herbst 1786 endlich in Rom ankam: „Wie fühl ich in Rom mich so froh! Gedenk ich der Zeiten, da mich ein graulicher Tag hinten im Norden umfing, trübe der Himmel und schwer auf meine Scheitel sich senkte, farb- und gestaltlos die Welt um den Ermatteten lag."

Goethe bezog Quartier bei seinem Freund, dem Maler Johann Heinrich Wilhelm Tischbein, der in einer kleinen Wohnung an der Via del Corso lebte, von welcher die Via dei Condotti abzweigt. Und wenn die beiden dann von ihren Besuchen der antiken Denkmäler, der Volksfeste, der Kirchen und der gelehrten Männer Roms zurückkamen, so kehrten sie im Caffè Greco ein und plauderten beim Kaffee über das Erlebte.

Dem erlauchten Gast folgten viele andere. In den mittlerweile längst erweiterten Gasträumen des Caffè Greco tummelten sich Friedrich Rückert, Franz Grillparzer, E.T.A. Hoffmann, Franz Liszt und Arthur Schopenhauer, aber auch nicht-deutschsprachige Künstler wie der dänische Bildhauer Bertel Thorvaldsen, der russische Literat Nikolai Wassiljewitsch Gogol oder der französische Lyriker Charles-Pierre Baudelaire.

Doch vornehmlich entwickelte sich das Caffè Greco zum Herzen der deutschen Künstlerkolonie von Rom. Dazu trug auch bei, dass dem Caffè Greco in der großen Krise, die auf die von Napoleon 1806 verhängte Kontinentalsperre folgte, ein geschickter Coup gelang. Damals stiegen die Kaffeepreise ins Uferlose, und kaum ein Künstler konnte sich solchen Luxus noch erlauben. Da kam der pfiffige Wirt auf die Idee, kleinere Tassen zu verwenden, wodurch er weniger Kaffee benötigte und die Preise entsprechend senken konnte. Schnell kamen wieder mehr Gäste, das griechische Kaffeehaus war gerettet, und die deutschen Künstler gleich dazu. Man müsse das Caffè Greco doch eigentlich in „deutsches Café" umbenennen, postulierte Bayerns König Ludwig I., denn schließlich sei es ein teutonischer Treffpunkt. Längst ließen sich die Künstler ihre Post ans Caffè Greco adressieren, hier las man deutsche Zeitungen und diskutierte sämtliche Belange von künstlerischer Natur.

Felix Mendelssohn-Bartholdy freilich war anderer Ansicht über die vielgerühmte Gaststätte. „Es sind furchtbare Leute, wenn man sie in ihrem Caffè Greco sitzen sieht. Ich gehe auch fast nie hin, weil mich so sehr vor ihnen und ihrem Lieblingsort graut", schimpfte der begnadete Komponist.

Man brauchte doch nur auf die französischen Künstler zu blicken. Sie verfügten mit der schönen Villa Medici über einen weit repräsentativeren Versammlungsort in Rom. Der Renaissance-Prachtbau thront mit einer grandiosen Aussicht über die Stadt auf dem Monte Pincio, er entstand auf den Resten der Villa des Lucius Licinius Lucullus. Hier war einst Galileo Galilei nach seinem Prozess interniert worden, und 1803 zog die Außenstelle der Pariser Kunstakademie ein, die einst vom Sonnenkönig Ludwig XIV. gegründete Académie de France à Rome.

„Angesichts dieses französischen Vorteils ist es unmöglich, ja vollkommen unwürdig, dass Deutsche auf das schmutzige Caffè Greco angewiesen sind, um ihre Freunde zu treffen!" So monierte ein bayerischer Abgeordneter 1879 im Berliner Reichstag. „Gegenwärtig ist es für die deutsche Nation nicht sehr entsprechend, wenn der deutsche Künstler ein anderes Asyl, ein anderes Heim dort nicht findet, als dieses Caffè Greco", schloss er seine wütende Rede anlässlich der Debatte zur nicht standesgemäßen Lage deutscher Künstler in Rom.

Die hitzige Diskussion änderte freilich nichts daran. In Deutschland hatte man längst andere, weit größere Sorgen, und auch die Künstler wandten sich allmählich anderen Orten zu.

Das Caffè Greco jedoch blieb bestehen. Nach dem Zweiten Weltkrieg kamen Filmstars, Regisseure und Staatsoberhäupter, und noch heute liegt das Kaffeehaus versteckt zwischen den noblen Designerläden der Via dei Condotti. Die meisten der zahllosen Touristen laufen achtlos daran vorbei, weil es sich mit fast bescheidenem Understatement zwischen die Hochglanzdekorationen der anderen Geschäfte zwängt.

Doch innen ist es noch wie ehedem. Ein schmaler Gang verbindet die einzelnen Räume, angefüllt mit Gemälden, Stuckaturen, Büsten, Figurinen, barocken Schnörkeln und mit tiefrotem Samt bezogenen Sitzmöbeln. Einmal will ich dort einkehren, wo schon Goethe und Tischbein beim Plausch zusammensaßen! Wen kümmert es schon, dass der Cappuccino neun Euro, das Gläschen Prosecco stolze 17 kostet? Denn dazu gibt es nicht nur den allgegenwärtigen Atemhauch deutscher Kulturgeschichte, es gibt auch eine Etagere mit wirklich exzellenten Naschereien.

Später am gleichen Tag sind wir mal wieder zum Essen in dem kleinen Ristorante, das wir an der Piazza Margana nahe der Piazza Venezia entdeckt haben. Hier, im früheren jüdischen Ghetto, gibt es köstliche Carciofi alla giudia, frittierte Artischocken, eine Spezialität der jüdischen Gemeinde von Rom. Inzwischen haben wir uns mit Simona angefreundet, die hier arbeitet, und so erzähle ich ihr stolz von unserem Besuch im Caffè Greco, in dem einst Goethe und Tischbein einkehrten.

„Goethe?“, lacht Simona. „Dann komm mal mit!“ Sie führt mich in den hinteren Bereich des Restaurants und weist auf zwei Marmorplatten, die in die Wand eingelassen sind. „Angelino a Tormargana nella storica osteria di Goethe“, lese ich auf der einen, und auf der anderen in etwas eigenwilligem Deutsch, dass der Dichterfürst während seiner Romaufenthalte zwischen 1786 und 1788 hier zu speisen pflegte. „Tja", Simona grinst triumphierend, „seinen Kaffee hat er vielleicht im Caffè Greco getrunken, aber gegessen hat er hier bei uns!"

Kopfschüttelnd betrachte ich die Steinplatten. Es ist wie mit dem Hasen und dem Igel: Wo immer man auch hinkommt, Goethe war schon da. Fast mit ein bisschen Wehmut denke ich an den heimischen Kühlschrank. Denn auf diesem prangt ein Magnet mit der kapitalen Aufschrift: „Goethe war hier". Und darunter, ganz klein und verstohlen in der Ecke noch ein einsames Wörtchen:

nie...

Carciofi alla giudia – Artischocken auf jüdische Art

Zutaten für 4 Personen:

8 ganz frische Artischocken mit Stängel (Sorte „carciofo romanesco“ – Römische Artischocke)
Saft von 1 Zitrone
reichlich Olivenöl
Salz
Pfeffer

Zubereitung:

Beim Putzen der Artischocken Handschuhe tragen, da sich die Haut sonst unangenehm verfärbt.

Die Artischocken gründlich abspülen. Die Stängel dann auf ca. 4 cm kürzen und schälen, bis sie hell werden. Mit einer Schere sämtliche harten Blätterspitzen entfernen. Die ganz harten Außenblätter großzügig entfernen und das Heu in der Artischockenmitte mit einem Löffel komplett herausschaben, die Artischocken aber unbedingt ganz lassen.

Eine große Schüssel mit Wasser füllen, den Zitronensaft hinzugießen und die Artischocken sofort nach dem Putzen hineinlegen. Nach einer Weile herausnehmen und gut abtropfen. Nun vorsichtig die Blätter der Artischocken auseinanderdrücken, sodass sie sich wie bei einer Rose öffnen, aber nicht brechen. Gut salzen und pfeffern.

In einer Fritteuse oder einem großen Topf reichlich Olivenöl erhitzen, die Artischocken sollen ganz davon bedeckt sein. Die Artischocken mit dem Kopf nach unten hineingeben und 10–15 Minuten lang frittieren, bis der Stängel weich ist. Auf Küchenkrepp abtropfen lassen und heiß servieren. Dazu knuspriges Weißbrot reichen.

Alle Schätze dieser Erde – die päpstlichen Sammlungen

Viele Jahrhunderte waren vergangen, seit Nero halb Rom mit seinem Goldenen Haus überzogen hatte. Längst lagen die Ruinen des Prachtbaus versunken im Schutt, überwuchert von Grün und überbaut mit den neueren Häusern der Stadt. Nur oben auf dem Esquilin gab es noch größere Freiflächen, dort wo einst in bevorzugter Wohnlage die vornehme Villa des Gaius Maecenas stand. Außer diesem wohnten hier auch die Dichter Vergil und Horaz, die der Kunstmäzen großzügig unterstützte.

Doch von Maecenas Villa, die Nero bekanntlich in sein Goldenes Hauses eingliedern ließ, gab es längst nichts mehr zu sehen. Jetzt gehörten Grund und Boden Felice de Fredis, einem wohlhabenden Winzer. Seine edlen Trauben kelterte er mit äußerstem Feingefühl zu ausgewogenen Weinen, und diese schmeckten so köstlich, dass Fredis als Hoflieferant die päpstliche Tafel damit beliefern durfte. In seinen Weingärten auf dem Esquilin wuchsen die Rebstöcke einer ganz besonders wertvollen Traubensorte, die weitläufige Südseite des Hügels erwies sich als geradezu ideal für deren Gedeihen.

Doch der Weinbau erfordert harte und ausdauernde Arbeit. Eines Tages im Januar 1506 befand sich Fredis mal wieder mit seinem Spaten im Weinberg, um den vom Winterregen durchfeuchteten Boden zu lockern und Platz für neue

Rebstöcke zu schaffen. Als ernst zu nehmender Weinbauer pflegte er stets selbst mit Hand anzulegen, wenn seine Männer in den Weingärten arbeiteten.

Konzentriert stach Fredis den Spaten in den Boden, drehte ihn hin und her, wuchtete die schwere Erde empor und hob ein Loch aus. Und so weiter, immer weiter fort. Die Sonne stand schon recht hoch, es musste gegen Mittag sein, als der Spaten plötzlich auf einen unerwarteten Widerstand traf. Fredis stieß einen leisen Fluch aus. Ein Fels musste im Untergrund stecken, und dieser ließ sich auch bei erneutem Nachstechen nicht lockern.

Doch Moment! Fredis warf den Spaten beiseite, ging auf die Knie und schob die Erde mit den Händen weg. Das war kein Fels! Es schien ein Stück Marmor zu sein, und dazu noch kunstvoll behauen! Ein muskulöser Arm, so sorgsam gearbeitet, dass man jede Ader, jede Sehne darin erkennen konnte! Fredis rief seine Arbeiter zusammen, und gemeinsam bargen sie behutsam den marmornen Schatz aus dem Erdreich. Je mehr davon zum Vorschein kam, desto mehr verschlug es Fredis den Atem. Er wusste – hier hatte er etwas Einzigartiges entdeckt! Sofort schickte er einen Boten zum Vatikan, um den Papst zu informieren.

Papst Julius II. saß gerade beim abendlichen Imbiss nach der Vesper, als der Bote eintraf. Julius nippte an einem Gläschen von Fredis‘ Wein und nickte zufrieden, während der Mann Bericht erstattete. Ein Fund aus der Antike – großartig!

Es herrschte nämlich gerade die Epoche der Renaissance, verzückte Schwärmerei für das klassische Altertum erfüllte die Herzen aller kultivierten Menschen. Julius ließ nach seinen Experten rufen, dem Architekten Giuliano da Sangallo und dem hoffnungsvollen Bildhauer, den er zwei Jahre zuvor als Baumeister seines eigenen Grabmonuments auserwählt hatte:

Michelangelo Buonarroti aus Florenz. Der Bursche hatte seine außerordentlichen Fähigkeiten erst kürzlich mit der Fertigstellung seines „David" unter Beweis gestellt.

Inzwischen hatte der Papst es sich allerdings anders überlegt. Denn dieser Michelangelo war etwas zu überheblich geworden. Zwar ließ er bereits in den Steinbrüchen von Carrara handverlesenen Marmor für das Grabmal vorhalten, doch der Papst verweigerte dem Großmaul erst einmal die Bezahlung. Verärgert war Michelangelo daraufhin für ein paar Monate nach Florenz zurückgekehrt.

In der Zwischenzeit überzeugte der Baumeister Donato Bramante den Papst von seiner eigenen, weit höheren Qualifikation. Und die galt es zu nutzen, um den Neubau des Petersdoms voranzutreiben. Das Grabmal konnte warten, schließlich war Julius mit seinen 68 Jahren ja auch noch zu jung, um dem Tod ins Gesicht zu sehen! Das alles würde der Papst dem Michelangelo schon noch zu verstehen geben. Dieser war nach Beendigung des Streits ums Geld inzwischen voller Pläne für die ehrenvolle Aufgabe der Grabkonstruktion nach Rom zurückgekehrt.

Der Baumeister Bramante konnte den eingebildeten Naseweis Michelangelo auf Tod und Teufel nicht ausstehen. Deshalb hatte er den Papst überredet, diesem statt der kostspieligen Errichtung des Grabes eine andere, höchst ungeliebte Aufgabe zukommen zu lassen. Der Angeber sollte die Sixtinische Kapelle mit hübschen Bildchen ausmalen! Welch ein gelungener Streich, denn der Papst übernahm Bramantes Vorschlag mit Begeisterung! Sowohl Bramante als auch der Papst wussten dabei ganz genau, dass Michelangelo kein Maler war. Ja, er hasste und verachtete die Freskenmalerei geradezu. Aber das hatte er nun davon! Er war eben zu hochnäsig, höchste Zeit, ihm die Flügel etwas zu stutzen und eine Lektion zu erteilen!

Nun, all das würde Julius ihm zu gegebener Zeit mitteilen. Vorerst musste Michelangelo eine andere Aufgabe erledigen: Zusammen mit dem erfahrenen Architekten Sangallo sollte er auf den Esquilin steigen und mal nachsehen, was der Winzer da ausgegraben hatte. Von Marmorstatuen verstand der Knabe ja offensichtlich etwas.

„Allmächtiger, das ist der Laokoon, den Plinius erwähnt!", rief Sangallo euphorisch aus, als die beiden auf dem Esquilin eintrafen und die mannshohe Marmorgruppe erblickten. Laokoon, ein trojanischer Priester, war einst zusammen mit seinen beiden Söhnen von Schlangen erwürgt worden, ein Fluch der Götter. Warum ihn dieses Schicksal traf, ist umstritten, vielleicht hatte er dem Gott Apollo durch eine Liebelei in dessen Tempel gefrevelt, vielleicht hatte er Athene erzürnt, weil er den Betrug mit dem trojanischen Pferd entlarvte. Wie dem auch sei, was hier auf Fredis' Weinberg zutage kam, war eine Darstellung des Laokoon mitsamt Söhnen und Schlangen, die kunstfertige römische Kopie eines griechischen Originals. Lediglich die rechten Arme der Dargestellten fehlten, der des Laokoon sollte 1905 wieder auftauchen und an der passenden Stelle eingefügt werden.

Den Papst begeisterten die Neuigkeiten in höchstem Maße. Fredis erhielt als großzügigen Finderlohn die künftigen Zolleinnahmen der Porta San Giovanni, Sangallo eine lobende Anerkennung und Michelangelo die bittere Mitteilung, dass er nun die Sixtinische Kapelle ausmalen dürfe. Die Fertigung des Grabmals für Papst Julius II. zögerte sich noch bis zu dessen Tod im Jahr 1513 hinaus. Dann endlich erhielt Michelangelo Genugtuung und errichtete es in der römischen Kirche San Pietro in Vincoli. Herausragendes Meisterwerk dieses Monuments ist die berühmte Statue des gehörnten Moses. Aber das nur am Rande.

Die Laokoon-Gruppe wanderte in die päpstliche Kunstsammlung im Vatikan. Schon seit Beginn des Petrusprimats trugen die Päpste alle Kunstschätze zusammen, derer sie habhaft werden konnten. Unter Nikolaus V. war um 1450 der Bau des vatikanischen Papstpalastes in Angriff genommen worden, nachdem der bisherige Papstsitz, der Lateranpalast im römischen Stadtteil Monti, zu klein geworden war. Nach Rückkehr der Päpste aus Avignon und Beendigung des Schismas trachtete die Kurie nämlich danach, ihre wiedergewonnene Stärke durch entsprechend beeindruckende Bauwerke aller Öffentlichkeit zu demonstrieren. Hierfür bot sich der Vatikanhügel an, seinerzeit noch vor den Toren Roms gelegen und weitestgehend unbebaut.

Dort hatte sich zu Zeiten Kaiser Neros ein Zirkus befunden, in dem zahlreiche Christen hingerichtet worden waren. Übrig blieb ein kleiner Friedhof, von dem es seit jeher hieß, dass hier die Gebeine des Apostels Petrus bestattet seien. Schon lange gab es deshalb an dieser Stelle eine Grabeskirche, die das Zentrum der Petrusverehrung darstellte. Und so wurde gegen Ende des 14. Jahrhunderts der Vatikanhügel als neuer Amtssitz der Päpste auserkoren. Majestätische Bauwerke sollten diesen Ort zukünftig schmücken, großartiger als alles, was die Welt bisher gesehen hatte. Einen großen Teil des vorhandenen Platzes beanspruchten allein die umfangreichen päpstlichen Kunstsammlungen.

Aber natürlich lag es damals noch fern, diese Sammlungen der Öffentlichkeit zugänglich zu machen. Das sollte noch bis ins 18. Jahrhundert dauern, als die Päpste Clemens XIV. und Pius VI. die Türen zu den Schatzkammern öffnen ließen, um somit endlich auch dem gemeinen Volk Zugang zu Kunst und Kultur zu verschaffen. Clemens XIV. erweiterte die bisherige Sammlung durch den Ankauf umfassender Antikensammlungen, Pius VI. ließ die Ausstellungsräume des Museums großzügig erweitern. Heute umfasst der Papstpalast eine Grundfläche von 55.000 Quadratmetern mit rund 1.400 Räumen – die genaue Zahl ist nicht bekannt, denn beim Nachzählen verliert man wohl zwangsläufig den Überblick.

Die Vatikanischen Museen gelten als größtes Museum der Welt und beherbergen gleichzeitig eine überwältigende Zahl deren bedeutendster Kunstschätze. Angefangen mit altägyptischen Artefakten und Mumien, etruskischen Terrakotten sowie griechischen Vasen und Plastiken, geht es über römische Statuen, Skulpturen, Mosaiken und Büsten, mittelalterliche Keramik und Malerei, flämische Gobelins, kostbare Manuskripte und historisches Kartenwerk, Renaissance- und Barockgemälde der bedeutendsten Vertreter ihrer Zunft, ethnologische Ausstellungen und Werke der modernen Kunst bis hin zur berühmten stufenlosen Spiraltreppe des Donato Bramante im Museo Pio-Clementino und der ihr nachempfundenen Doppelhelixtreppe aus dem Jahr 1932 am Ausgang der Museen. Und das alles in prachtvollen Räumlichkeiten, deren Gestaltung, insbesondere der aufwendigen Deckengewölbe, Wände und Böden, allein schon einen Besuch wert ist.

Neben der Laokoon-Gruppe, dem Augustus von Primaporta, dem Apollo von Belvedere und den Werken von Caravaggio, Tizian, Botticelli oder Leonardo da Vinci ragen vor allem die herrlichen, vor einigen Jahren restaurierten und in neuer Farbenpracht erstrahlenden vier Stanzen des Raffael heraus, unter anderem mit der berühmten „Schule von Athen". Auch die Stanzen sind einer Idee des Papstes Julius II. erwachsen, der seine Privatgemächer standesgemäß dekorieren lassen wollte. Sie wurden aber erst unter seinem Nachfolger fertiggestellt.

Und natürlich krönt den Museumsbesuch endlich die Sixtinische Kapelle, die Michelangelo zwar zähneknirschend, aber doch wahrhaft meisterlich mit Fresken ausgestattet hat. Auch diese wurden restauriert und leuchten seither wie ehedem in frischen, fröhlichen Farben, die auch einem Popart-Kunstwerk durchaus zupasskommen würden.

Diese ganze Pracht darf man sich natürlich nicht entgehen lassen, wenn man zu Gast in Rom ist. Allerdings nahm ich bei einem Aufenthalt Ende der Neunzigerjahre einmal freiwillig Abstand davon, denn damals wickelte sich die Schlange der auf Einlass wartenden Besucher gefühlt einmal um den ganzen Vatikan herum. Heute hingegen kann man sich das stundenlange Anstehen ersparen und die Karten für eine vorher festgelegte Zeit ganz bequem im Internet vorbestellen. Ich freute mich sehr.

Tatsächlich gelangten wir ganz reibungslos zur vorgesehenen Stunde in die Museen hinein. Doch schon im ersten Ausstellungsraum verging mir meine Freude. Die Museen waren komplett überfüllt, in jedem Raum, jedem Gang, jeder noch so kleinen Nische drängten und schoben sich die Menschen, blockierten Gruppenführungen den Blick auf die Exponate, schlugen mir die Rücksäcke der sich unbedacht drehenden Museumsgäste entgegen, sodass ich sehr bald fassungslos um Atem rang.

Auf diese Art geriet der erhoffte Kunstgenuss beinahe zum Überlebenskampf. Mit Mühe ergatterten wir hastige Seitenblicke auf die wichtigsten Exponate, während sich zur aufkeimenden Platzangst langsam, aber sicher so etwas wie Panik zu gesellen drohte. Wir schlängelten uns an den Kunstbeflissenen vorbei, schoben uns zwischen japanischen Reisegruppen hindurch, quetschten uns durch die Engpässe an den Türen und lavierten auf diese Art von einem Raum zum anderen. Aus den Augenwinkeln nahmen wir gerade eben noch die herrlichen Fresken der Raffael-Stanzen wahr und fanden uns endlich in der Sixtinischen Kapelle, dicht an dicht gezwängt zwischen hunderte andere, die starr den Kopf nach oben gerichtet das Meisterstück des Michelangelo bestaunten. In regelmäßigen Abständen unterbrachen die harschen und lautstarken Ermahnungen des Aufsichtspersonals das allgemeine Gemurmel, denn das Fotografieren in der Kapelle ist streng verboten, was allerdings längst nicht jedermann bekannt ist. Doch schließlich handelt es sich um ein Gotteshaus, die Andacht soll nicht durch Hobbyfotografen gestört werden. Welche Andacht?

Dann endlich keimte doch wieder Freude auf, denn ich hatte zuvor gelesen, dass man von der Sixtinischen Kapelle unter Umgehung erneuter Sicherheitskontrollen und den damit verbundenen Wartezeiten direkt in den Petersdom gelangt. Vorausgesetzt, man benutzt nicht den offiziellen Ausgang, sondern stattdessen die gegenüberliegende Tür hinten rechts. Deren Nutzung ist geführten Gruppen vorbehalten. Weil sich aber ein ununterbrochener Menschenstrom hindurchbewegte, war es ein Leichtes, sich auch ohne Gruppenzugehörigkeit dort einzureihen.

So fanden wir uns im Innenhof zwischen Kapelle und Petersdom und konnten umgehend mit dem Aufzug aufs Dach fahren. Von dort ging es über 320 Stufen den schmalen, teilweise schief der Kuppelwölbung folgenden Aufstieg hinauf auf Michelangelos prachtvolle Kuppel. Der Atem wurde uns schon knapp, als wir zu Beginn des Weges einen rundlaufenden Balkon erreichten, der Einblick ins Innere des Doms gewährt. Die wahrhaft gewaltigen Dimensionen stehen hier so klar vor Augen, dass es uns auch noch den letzten Atem raubte. Die vielen Menschen, die sich unten im Dom bewegten, wirkten kleiner als Ameisen, fast wie herumwuselnde Mikroben unter dem Mikroskop. Michelangelos Geniestreich ist die größte freitragende Kuppel der Welt, die allein aus Ziegelsteinen gemauert wurde. Mit einer Höhe von 132,5 Metern überragt sie den 211,5 Meter langen Dom und bietet eine glanzvolle Aussicht über den Vatikanstaat und die Stadt Rom.

Diesen Anblick ließen wir jetzt erst einmal in Ruhe auf uns wirken, bevor auch wir zu Mikroben auf dem Boden des Petersdoms mutierten. Das Vorhaben, den Vatikanhügel mit majestätischen Bauten zu schmücken, ist den Päpsten jedenfalls geglückt.

Saltimbocca alla romana – Kalbsschnitzel auf römische Art

Zutaten für 4 Personen:

8 sehr dünn geschnittene, kleine Kalbsschnitzel (insgesamt ca. 1.100 g)
8 Scheiben luftgetrockneter Schinken (zum Beispiel Parmaschinken)
8 frische Salbeiblätter
60 g Butter
150 ml Weißwein
Salz, Pfeffer

Zubereitung:

Die Schnitzel flach auf der Arbeitsplatte auslegen, salzen und pfeffern. Auf jedes Schnitzel eine Schinkenscheibe legen. Nun je ein Salbeiblatt hinzulegen und zusammen mit dem Schinken mithilfe eines Zahnstochers auf dem Schnitzel fixieren. Die Butter in einer großen Pfanne zerlassen und die Schnitzel bei großer Hitze zunächst auf der Schinken-Salbei-Seite, dann auf der Unterseite rasch goldbraun braten. Mit dem Wein ablöschen und weiterbrutzeln, bis der Wein verdunstet ist. Die Zahnstocher entfernen und sofort servieren.

Dazu isst man in Butter geschwenktes Gemüse wie Broccoli oder Spinat, Weißbrot und/oder Kartoffelpüree.

„Salt' im bocca!" bedeutet im römischen Dialekt „Spring in den Mund!". Das Rezept ist ein Klassiker der römischen Küche, unseres entspricht im Wesentlichen demjenigen, welches der italienische Kochverband 1962 offiziell als Standard festgelegt hat. Es gibt daneben auch gerollte und zusammengeklappte Varianten der Zubereitung.

Im Bann der Unterwelt – die Toten von Rom

Unsere Reise zu den Gräbern von Rom beginnt mit Fußspuren in einer römischen Kirche. Sie sind von beachtlicher Größe, die Zehen wirken etwas zu gleichförmig, die Sohle liegt in ganzer Breite flach auf. Würde man diese Fußabdrücke aus medizinischer Sicht betrachten, so müsste man feststellen, dass der Besitzer der zugehörigen Füße nicht nur im wahrsten Sinne des Wortes auf recht großem Fuß lebt, sondern dass er auch unter Plattfüßen leidet.

Aber auf solch profane Art darf man diese Fußabdrücke nicht betrachten. Sie haben sich nämlich tief in eine Marmorplatte eingegraben, und mehr als das: Die Legende glaubt zu wissen, dass sie keinem anderen als Jesus Christus persönlich gehören! Genau an dieser Stelle und auf dieser Marmorfliese, so heißt es, sei Christus dem Apostel Petrus erschienen, als dieser angesichts der Massaker an den Christen unter Kaiser Nero die Stadt verlassen wollte.

„Domine, quo vadis?", fragte Perus, verwundert über die unerwartete Begegnung – „Herr, wohin gehst du?" „Ich gehe nach Rom, um mich erneut kreuzigen zu lassen", antwortete der Gottessohn. Da erkannte Petrus die Feigheit seiner Flucht und kehrte beschämt nach Rom zurück. Dort erwartete ihn ein schlimmes Schicksal, er wurde im Zirkus auf dem Vatikanhügel kopfüber gekreuzigt und ebenda bestattet. Eine ergreifende

Geschichte über die Standhaftigkeit wahren Glaubens, die den polnischen Schriftsteller Henryk Sienkiewicz zu seinem 1895 veröffentlichten Roman „Quo Vadis?“ über das Los der ersten Christen in Rom inspirierte. Das Werk wurde zum Bestseller, brachte Sienkiewicz den Literaturnobelpreis ein und trug seinen Ruhm fort bis in unsere Zeit, auch dank der bereits erwähnten Hollywoodverfilmung mit Peter Ustinov in der Rolle des Kaisers Nero.

Das unscheinbare Barockkirchlein Santa Maria in Palmis an der Via Appia Antica im Süden von Rom, besser bekannt als „Domine Quo Vadis?“, birgt das Zeugnis der folgenschweren Begegnung zwischen Jesus und seinem Jünger. Nicht nur steht hier das wohlverdiente Denkmal des Autors Sienkiewicz, ohne den womöglich kaum ein Mensch den Weg hierher finden würde. Nein, in den Boden der Kirche eingelassen ist, geschützt durch ein metallenes Gitter, besagte Marmorplatte.

Staunend betrachten wir das Kuriosum, und während die Kinder noch rätseln, welch galaktische Kräfte wohl den Abdruck im festen Marmorstein ermöglicht haben mögen, raube ich ihnen ihre Illusionen. Denn es handelt sich nur um die Kopie einer antiken Votivtafel, deren Original sich in den Sebastians-Katakomben ein Stück weiter die Via Appia hinaus befindet. Sie ist ein symbolisches Opfer an die Götter und dient dem Dank für eine glückliche Rückkehr in die Heimatstadt. Den Brauch der Votivgaben, der noch heute besonders unter katholischen Christen weit verbreitet ist, gab es bereits seit vorgeschichtlicher Zeit.

So entpuppt sich das geheimnisvolle Geschehnis als bloße Legende. Enttäuscht wenden die Kinder sich ab. Auch als ich erzähle, dass die Kirche genau an der Stelle errichtet sein soll, an der die Soldaten Hannibals der Stadt Rom im Zweiten Punischen Krieg am nächsten kamen, kann ich sie nicht mehr aus der Reserve locken. Denn unser eigentliches Ziel sind die Katakomben an der Via Appia Antica, die unterirdischen Gräber der Antike. Das verspricht eine deutlich reellere Spannung als die kleine Kirche mit ihren eingemeißelten Plattfüßen.

Ganz in der Nähe von „Domine Quo Vadis?" liegen die Calixtus-Katakomben („Catacombe di San Callisto"), eine der mehr als 60 unterirdischen Gräberanlagen von Rom. Die meisten davon befinden sich an der Via Appia Antica, der in südliche Richtung führenden Straße, die im Jahr 312 v. Chr. angelegt wurde. Weil die Bestattung von Toten innerhalb der Stadt verboten war, legten die Römer ihre Gräber entlang der Ausfallstraßen an. Unter diesen Straßen kam der Via Appia eine herausragende Bedeutung zu, denn sie markierte eine bedeutende Handelsstrecke. Sklaven und kostbare Waren aus dem Orient kamen über diese Straße nach Rom, deshalb nannte man sie auch „Regina Viarum" – „Königin der Straßen". Kein Wunder also, dass, wer etwas auf sich hielt, an den Flanken dieser Straße seine letzte Ruhestätte finden wollte.

So entstanden hier nicht nur zahlreiche Grabstätten, sondern auch repräsentative Grablegen für die wohlhabenden Adelsfamilien. Das wohl bekannteste Monument ist das Grabmal der Cecilia Metella aus dem 1. nachchristlichen Jahrhundert, ein acht Meter hoher Turm mit einem Durchmesser von 20 Metern, den der Maler Tischbein im Fantasy-Hintergrund seines berühmten Gemäldes „Goethe in der Campagna" verewigt hat.

Beim Grabmal der Cecilia Metella beginnt der malerische Teil der eben noch vielbefahrenen Via Appia Antica, denn ab hier ist sie für den Durchgangsverkehr gesperrt. Auf ihrem von Pinien und Zypressen gesäumten antiken Pflaster flanieren die Römer von heute beim sonntäglichen Ausflug. Und schräg gegenüber liegt die Basilika San Sebastiano fuori le mura über den Sebastians-Katakomben. Diese Katakomben habe ich vor rund 20 Jahren im Rahmen einer Führung besucht.

Ich erinnere mich noch gut, wie uns der Guide mit verschwörerischem Tonfall in eine unterirdische Kammer geleitete, an deren Wand mit flüchtiger Schrift die Worte „hic orabant Petrus et Paulus" gekritzelt waren – „hier beteten Petrus und Paulus". Dann erzählte er mit gesenkter Stimme, dass sich die frühen Christen in den endlosen Gängen der Katakomben vor den mörderischen Schergen des Nero verborgen hätten. Eine gruselige Vorstellung, ich spürte die Schauer über meinen Rücken laufen, als ich die hohen, dunklen Gänge hinabblickte, in die bis zur Decke hin zahllose Grabnischen eingelassen waren und die sich allmählich in der obskuren Tiefe der Finsternis verloren.

Dieses Mal werden wir die Calixtus-Katakomben besuchen, die unter weitläufigen Gärten und Wiesenflächen liegen. Es ist noch recht früh am Tag, und außer uns haben sich nur ein paar spanische Touristen am Eingang zu den Gräbergängen eingefunden. Ihnen wird eine Führung in spanischer Sprache zuteil, wir hingegen kommen in den exklusiven Genuss eines Rundgangs mit deutschsprachigem Guide. Denn tatsächlich werden wir vier ganz allein durch die Katakomben geleitet!

Das allerdings ist nun wirklich ein eindringliches Erlebnis. Die Katakomben ziehen sich mit 20 Kilometer langen Gängen verteilt auf fünf Stockwerken unter einer oberirdischen Fläche von rund 15 Hektar durch das Erdreich dahin. Etwa 500.000 Gräber gibt es hier unten, und unser kenntnisreicher Begleiter spart nicht an drastischen Worten, mit denen er uns vor Augen führt, welch schaurige Realität einst in diesem unterirdischen Friedhof herrschte. Ununterbrochen waren die Totengräber damit beschäftigt, Gänge auszuschachten und Gräber anzulegen, Erdreich nach oben zu befördern und frisch Verstorbene herunterzuholen.

Einfache Bürger mussten mit den schlichten Erdnischen vorliebnehmen, wohlhabendere leisteten sich eins der größeren Bogengräber, in denen mehrere Familienmitglieder zur letzten Ruhe gebettet werden konnten. Doch allgegenwärtig war der Verwesungsgeruch, die wenigen Lichtschächte erlaubten nur einen minimalen Luftaustausch. Wieder einmal schaudert es mich, und wieder folgt mein Blick den endlosen Gängen, die bis in den finsteren Hades hinabzureichen scheinen. Ein Labyrinth des Todes, das in früherer Zeit nur hier und da vom fahlen Schein einiger weniger Ölfunzeln müde beleuchtet wurde. Wehe dem Lebenden, der hier unten verweilen musste!

Aber, reißt der Guide mich aus meinen düsteren Gedanken, die Geschichten von den verfolgten Christen, die sich hier unten versteckten, seien nichts als fromme Mär. Den römischen Behörden war die Existenz der Katakomben natürlich bekannt, niemand konnte sich jemals hier unten verstecken und in Sicherheit wiegen. Tatsache ist vielmehr, dass die ersten Katakomben in vorchristlicher Zeit die Gräber der jüdischen Bewohner Roms gewesen sind. Im Gegensatz zu den Römern, die ihre Toten verbrannten, bestatteten die Juden ihre Toten unter der Erde. Die Christen übernahmen diesen Brauch im 2. nachchristlichen Jahrhundert. Bis zum 5. Jahrhundert beerdigten sie hier unten ihre Toten und dehnten die Gräbergänge während dieser Zeit erheblich aus. Auch legten sie unterirdische Versammlungsräume und Gedenkstätten an, viele von diesen sind mit frühchristlichen Malereien und Symbolen geschmückt.

Im 4. Jahrhundert fielen Germanen in Rom ein und zerstörten viele Katakomben. Später ließen Päpste die Gebeine aus den Katakomben in die Krypten der römischen Kirchen überführen. Darunter befanden sich die sterblichen Überreste der neun Päpste, die in den Calixtus-Katakomben beigesetzt worden waren, und auch der enthauptete Leichnam der im 3. Jahrhundert hingerichteten heiligen Cäcilia. Sie wurde im 9. Jahrhundert hier unten aufgefunden – unverwest, wie es heißt – und in der ihr geweihten Basilika Santa Cecilia in Trastevere beigesetzt.

Danach geriet die Unterwelt der Gräber in Vergessenheit. Erst in der Neuzeit wurden die Katakomben wiederentdeckt, erforscht und schließlich teilweise für Besucher zugänglich gemacht. Ein Blick auf meine Tochter verrät mir, dass sie sich inzwischen insgeheim wünscht, es wäre niemals dazu gekommen. Mein Sohn hingegen hüllt sich zwar in tapferes Schweigen, doch seine Erleichterung ist fast mit Händen zu greifen, als wir endlich ans Tageslicht zurückkehren und die Dämonen der Finsternis von uns abschütteln.

Doch ein kleines i-Tüpfelchen kann ich noch hinzufügen, wenn es um die morbide Seite von Rom geht. Ganz in der Nähe unseres Hotels liegt an der vornehmen Via Veneto die Kirche Santa Maria Immacolata, die einem Kapuzinerkloster angeschlossen ist. Den Kapuzinern ist mitunter ein recht außergewöhnlicher Umgang mit den Toten zu eigen, vielleicht mutet er aber nirgends so exotisch an wie hier.

Denn im Beinhaus der Kirche gibt es hunderte von Skeletten. Diese hat man aber keinesfalls nur einfach hier bestattet. Nein, die Knochen wurden nach ihrer Größe sortiert, um dann aus Schädeln, Schulterblättern, Wirbeln, Becken, Rippen und den Gliedmaßen aufwendige Dekorationen zu arrangieren. Die Kammern der Gruft sind übervoll ausgeschmückt mit filigranen Blüten, verschnörkelten Mustern und Ornamenten, sogar kunstvollen Deckenleuchtern, und alles ist aus fahlem

Gebein gestaltet. Die Mumie eines Abts liegt umwölbt von blassgrauen Schädelknochen, gekreuzte Arme schmücken eine schädelumrankte Nische, hunderte Schädel türmen sich an den Wänden empor und blicken aus leeren Augenhöhlen auf uns herab. Da erscheinen kindlich zarte Schulterblätter wie filigrane Engelsflügel und Wirbelknochen wie die bleichen Dornen von im ewigen Schlaf erstarrten Rosen.

Sprachlos und erschüttert durchschreiten wir die Gruft. Nun, denke ich, reicht es mit den Toten von Rom.

Stracciatella alla romana – Einlaufsuppe auf römische Art

Zutaten für 4 Personen:

1,5 kg Hühnerkeule mit Rückenstück
3 Möhren
2 Zwiebeln
2 Stangen Staudensellerie
2 Knoblauchzehen
2 Lorbeerblätter
5 Wacholderbeeren
6 Pimentkörner
80 g Pecorino
80 g feiner Grieß
3 Eier
½ Bd. Blattpetersilie
gemahlene Muskatnuss
Salz
Pfeffer

Zubereitung:

Möhren, Staudensellerie, Knoblauch und Zwiebeln schälen bzw. putzen und grob in Stücke schneiden. Sollten die Hühnerkeulen sehr fettreich sein, überschüssiges Fett entfernen, dann zusammen mit dem Gemüse, den Lorbeerblättern, den Pimentkörnern und den Wacholderbeeren in einem Topf mit 2 l Wasser zum Kochen bringen. Die Hitze reduzieren, den Deckel auf den Topf legen und die Brühe 3 Stunden lang köcheln lassen. In der Zwischenzeit die Petersilie waschen und trocken schleudern, dann die Blättchen abzupfen und hacken. Den Pecorino fein reiben.

Ein großes Sieb mit einem Passiertuch (ersatzweise einem Geschirrtuch) auslegen, über einem zweiten Topf platzieren und die fertige Brühe dadurch vorsichtig abgießen. Das Hühnerfleisch kann man nun für ein anderes Gericht weiterverwenden, z.B. für einen Geflügelsalat.

Die Brühe erneut aufkochen und mit Muskatnuss, Salz und Pfeffer abschmecken. Den Pecorino mit den Eiern und dem Grieß gründlich verquirlen. Die Hitze so weit reduzieren, bis die Brühe nur noch ganz leise köchelt. Nun die Käse-Ei-

Grieß-Mischung in dünnem Strahl in die Suppe einlaufen lassen und dabei mit dem Schneebesen langsam rühren, sodass Fetzen aus der Mischung entstehen. Die Suppe muss nun unter ständigem Rühren 5 Minuten leise weiterköcheln, damit der Grieß quellen kann, aber keinesfalls länger, da die Fetzen sonst zu trocken werden.

Sofort auf Tellern anrichten und mit Petersilie bestreuen. Mit Weißbrot servieren.

Das Wort „Stracciatella" ist von „stracciato" abgeleitet, das bedeutet „zerfetzt". In Italien sind verschiedene Varianten dieser Suppe bekannt, die römische unterscheidet sich insbesondere dadurch, dass Grieß verwendet wird, wo andere Rezepturen Paniermehl einsetzen.

Das beliebte Stracciatella-Eis stammt aus der Lombardei und wird hergestellt, indem geschmolzene Schokolade unter Milchspeiseeis gerührt wird, durch die schnelle Abkühlung entstehen dabei Schokoladenfetzen.

Brot und Spiele – das Theater des Grauens

„Blödsinn!“, rief Kaiser Vespasian ergrimmt und hob die Stimme. „Unhaltbarer Blödsinn ist es, was dieser Nero mit seinem Goldenen Haus angerichtet hat! Er hat das Volk von Rom seines ihm angestammten Bodens beraubt. Ich werde das rückgängig machen!“

So sprach er, als er kurz nach seiner Machtergreifung die Antrittsrede vor dem Senat hielt. Dem war ein monatelanger, grässlicher Bürgerkrieg vorausgegangen, in dem verschiedene Parteien um die Nachfolge des Kaisers Nero kämpften. Der frühere Militärkommandant Vespasian, der unter Kaiser Claudius an der Eroberung Britanniens beteiligt gewesen war, hatte sich schließlich durchsetzen können. Nun bedurfte es eines demonstrativen Akts, um Volk und Senat von seinem guten Willen zu überzeugen.

Vespasian war ein Realpolitiker, imperiale Träumereien lagen ihm fern. Zunächst würde er gründlich aufräumen. Die immensen Staatsschulden, die Nero hinterlassen hatte, mussten ausgeglichen werden. Steuererhöhungen ließen sich deshalb nicht vermeiden. Aber eine Rückbesinnung auf die Friedenszeit unter Kaiser Augustus, ein damit verbundenes Erstarken des Handels, außerdem geeignete Infrastrukturmaßnahmen und die Förderung von Kunst und Kultur sollten baldige Erfolge zum Wohle Roms bringen. Dennoch konnte es nicht schaden, ein paar rasch wirksame Maßnahmen zu ergreifen, um das Volk zuversichtlich zu stimmen.

Und es gab auch schon eine zündende Idee. Vespasian würde dem Volk demonstrativ einen Teil des Landes zurückgeben, das sein Vorgänger für seine größenwahnsinnigen Bauvorhaben konfisziert hatte. Was wäre da besser geeignet als die Talsenke zwischen Palatin und Esquilin, in der Neros alberner künstlicher See lag! Diesen See mitten in der Stadt brauchte nun wirklich kein Mensch, deshalb ließ Vespasian ihn kurzerhand entwässern und zuschütten.

Ein schöner freier Platz ergab sich daraus, zentral im Herzen der Stadt gelegen. Was sollte damit geschehen? Wäre es nicht eine hervorragende Sache, genau an dieser Stelle ein neues Amphitheater zu errichten, größer und schöner als alle anderen, und es den Bürgern zu schenken? Die bisherigen Arenen Roms bestanden meist nur aus zusammengezimmertem Holz, mit Ausnahme des steinernen Marcellustheaters von Kaiser Augustus. Aber das war recht klein und schon längst nicht mehr zeitgemäß.

Die Umsetzung des ehrgeizigen Plans würde natürlich eine Menge Geld verschlingen. Doch eine glückliche Fügung spielte Vespasian in die Hände. Schon seit ein paar Jahren tobte der Jüdische Krieg in Judäa, und nun endlich gelang den römischen Truppen der Sieg. Sie zerstörten den Jerusalemer Tempel und erbeuteten die darin aufbewahrten Schätze. Allein das Gold, das die Legionen dem Vespasian bei ihrer Rückkehr von der blutigen Exkursion mitbrachten, besaß unermesslichen Wert. Das sollte wohl für das geplante Projekt reichen. Im Jahr 72 n. Chr. gab Vespasian deshalb den Startschuss für ein gigantisches Bauvorhaben: das Amphitheatrum Flavium.

Dessen Fertigstellung erlebte er freilich nicht mehr, denn Vespasian starb im Jahr 79, ein Jahr vor der Eröffnung der neuen Arena. Sein Sohn Titus, der die Nachfolge als Kaiser antrat, ließ noch ein viertes Obergeschoss auf den gigantischen Ovalbau setzen, der damit eine Höhe von 48 Metern bei einer Länge von 188 Metern und einer Breite von 156 Metern erreichte. Neben dem Bauwerk wurde die kolossale Statue des Kaisers Nero aufgestellt, die einst das Vestibül seines Goldenen Hauses auf dem Palatin geschmückt hatte. Natürlich nicht dem ungeliebten Nero zu Ehren, nein, man funktionierte die Statue kurzerhand um und erklärte sie zum Sonnengott Sol.

80 Eingänge boten geordneten Zugang für die bis zu 50.000 Besucher der Arena, die in 15 Minuten hinein- und im Bedarfsfall innerhalb von nur fünf Minuten wieder herausgelangen konnten. Den Raum für das Publikum unterteilten verschiedene Ränge, es gab Sektoren für die feineren Herrschaften im unteren Bereich, weiter oben fand das einfache Volk Platz, und von einem Holzgestell ganz oben in luftiger Höhe aus durften die Frauen der Unterschicht, Arme und Sklaven stehend zusehen. Für Senatoren und Vestalinnen gab es bequeme Sitze in der ersten Reihe, und der Kaiser nahm dort in einer vornehmen Loge Platz.

Aus Kostengründen dienten Tuff und preiswerte Ziegel als Baumaterial. Lediglich die Außenhülle der Arena wurde aus Travertin errichtet. Aus dem Obergeschoss, das im Gegensatz zu den unteren Stockwerken mit ihren Rundbögen massiv gemauert war, ragten 240 senkrecht stehende Masten empor. Daran konnte eine riesige ringförmige Plane aus Segeltuch über den Zuschauerrängen aufgespannt werden, die dem Publikum an heißen Tagen wohltuenden Schatten spendete. Fachkundige Matrosen der kaiserlichen Marine konstruierten dieses technische Meisterwerk. Jede einzelne Plane des Mammutzeltdachs musste unterschiedlich geschnitten werden, um der elliptischen Grundform des Amphitheaters folgen zu können.

Über Winden wurde das Zeltdach im Bedarfsfall geöffnet, ein gewaltiger Kraftakt, der sich über mehrere Tage hinzog und den Einsatz von 1.000 Männern erforderte.

Der Kampfplatz war genauso oval gestaltet wie das Bauwerk selbst. So sollte vermieden werden, dass Tiere oder zum Tode verurteilte Delinquenten sich schützend in eine Ecke zurückziehen konnten. Der Boden wurde mit Holzbohlen ausgelegt, die sich leicht entfernen ließen, wenn er zwecks Aufführung einer Seeschlacht geflutet werden sollte. Erst später hat man die Arena unterkellert und im Untergrund mit einem System aus Zellen, Gängen und Versorgungsschächten versehen. Hier hausten die zum Tode Verurteilten, außerdem wilde Tiere in Käfigen. Dazu gab es noch einen unterirdischen Zugang zur benachbarten Gladiatorenschule.

Aber die Römer ließen sich noch mehr einfallen. Sie entwickelten eine ausgeklügelte Bühnentechnik, mit deren Hilfe die Zuschauer von ausgefeilten Dekorationen überrascht werden konnten, die scheinbar aus dem Nichts erschienen. Über Rampen und Aufzüge stiegen ganze Wälder empor, Wüstenlandschaften, künstliche Berge oder wilde Krieger tauchten mitten in der Arena auf und verschwanden sang- und klanglos wieder durch geschickt versteckte Falltüren.

Im Jahr 80 n. Chr. feierte Rom die Eröffnung des neuen Prachtbaus mit Veranstaltungen, die sich über die Dauer von 100 Tagen hingezogen haben sollen. Der Eintritt zu den grausamen Spielen war gratis – schließlich handelte es sich ja um ein Geschenk an die Bürger von Rom. Die Zuschauer ergötzten sich am blutigen Gemetzel zwischen Gladiatoren, an nicht minder brutal nachgestellten Seeschlachten und an Jagdhatzen, bei denen allein an diesen ersten 100 Tagen 5.000 Tiere hingeschlachtet wurden. Im Laufe der Jahrhunderte folgten ihnen Millionen von weiteren Tieren, wobei

Kämpfe gegen exotische Raubtiere zu den beliebtesten Vorführungen gehörten.

Wie viele Menschen in den knapp 450 Jahren der Betriebszeit des Amphitheatrum Flavium dort den Tod gefunden haben, lässt sich nicht mehr feststellen. Manche Historiker rechnen mit bis zu einer halben Million, andere bezweifeln diese enorme Zahl. Denn Gladiatorenkämpfe gingen seltener tödlich aus, als man gemeinhin denkt. Schließlich waren die hervorragend ausgebildeten Gladiatoren äußerst wertvolle Spitzenathleten, die man nicht so einfach hinschlachten ließ.

Auch die verbreitete Annahme, dass im Amphitheatrum Flavium eine Vielzahl christlicher Märtyrer den Tod gefunden hat, ist wohl nur eine schaurige Legende. Denn zur Zeit des Kaisers Nero gab es das große Amphitheater ja noch gar nicht. Und die Berichte über Christenverfolgungen aus späteren Zeiten sind oft tendenziös verfärbt worden. Man glaubt deshalb heute, dass Hinrichtungen von Christen seltener als vermutet und, wenn doch, dann eher an anderen Stätten vollzogen wurden.

Erst mit dem allmählichen Niedergang des römischen Reichs ließ die Zahl der grausamen Spiele langsam nach. Das Christentum, seit Kaiser Konstantin im 4. Jahrhundert nicht mehr verboten, unter Theodosius im Jahr 380 sogar zur Staatsreligion aufgestiegen, lehnte die Schauschlachten zwar prinzipiell ab, jedoch ließ man die Veranstalter gewähren. Schließlich war das Volk daran gewöhnt, und unnötige Unruhen durch den Entzug des beliebten Gemetzels galt es zu vermeiden.

Erst ein rapider Bevölkerungsrückgang und nicht minder gravierender Geldmangel führten dazu, dass die Veranstaltungen im 5. Jahrhundert allmählich abebbten. Die letzte Tierhatz im Amphitheatrum Flavium fand 523 während der Herrschaft des Ostgoten Theoderich der Große statt.

Nun stand der Riesenbau leer und verwaist im Herzen der Stadt herum. Doch das sollte sich schnell ändern, denn schon bald zogen Menschen in die Arkaden und richteten sich dort häuslich ein. Das antike Rom verfiel nämlich mit dem Untergang des weströmischen Reichs zusehends, die Verhältnisse in den schmutzigen Gassen und den uralten Wohnblocks wurden immer prekärer. Die massiven Mauern des Amphitheaters dagegen hielten dem allgegenwärtigen Verfall stand, und trotzig überdauerten auch Teile der riesenhaften Statue des Kaisers Nero, respektive des Sonnengottes Sol. Wenn die Bewohner des Amphitheaters nun anderen Leuten mitteilten, wo sie zu Hause waren, dann sagten sie, sie wohnten im Theater bei dem Koloss. Und so kam es, dass die Adresse einen neuen Namen erhielt: Aus den lateinischen Wörtern „colossus" und „theatrum" wurde das „colosseum".

Ein schweres Erdbeben machte das Kolosseum im 9. Jahrhundert schließlich unbewohnbar, 500 Jahre später richtete eine erneute Erdbebenkatastrophe weitere Schäden an. Nur die massiven Außenwände hielten den Erschütterungen einigermaßen stand.

Was sollte man mit diesem gigantischen Steinhaufen anfangen, der sich auch noch mitten in der Stadt befand? Daraus musste man doch irgendwie seinen Nutzen ziehen! Also verwendeten die Römer das Kolosseum während des gesamten Mittelalters und der beginnenden Neuzeit als Steinbruch, der praktischerweise direkt vor der Haustür lag. Erst im 18. Jahrhundert beendete Papst Benedikt XIV. den Raubbau, indem er das Kolosseum zur Märtyrerstätte erklärte und dessen Erhaltung anordnete. Zu dieser Zeit kamen auch schon längst die ersten bildungshungrigen Touristen nach Rom und bewunderten das Bauwerk als Zeugnis der grandiosen Kunstfertigkeit antiker Architekten.

Und so blieb wenigstens der Rest des Kolosseums bis in unsere Zeit bewahrt. Das schien es dann aber endgültig gewesen zu sein, denn Abgase und Erschütterungen durch die vielen Kraftfahrzeuge, die ab dem letzten Jahrhundert zunehmend um das Kolosseum herumkreisten, machten dem Gemäuer schwer zu schaffen. Schließlich entschloss sich die Stadt zu drastischen Maßnahmen und sperrte den Bereich um das Kolosseum im Jahr 2014 für den privaten Durchgangsverkehr. Das zukünftige Schicksal der Via dei Fori Imperiali, die mitten durch die Kaiserforen hindurch auf das Kolosseum zuführt, ist weiterhin umstritten. Denn einerseits setzt diese breite Prachtstraße das Kolosseum sehr imposant in Szene. Andererseits wurde sie als Via dell'Impero in den Zwanzigerjahren des letzten Jahrhunderts unter Mussolini gebaut und danach als Aufmarschstrecke der faschistischen Bataillone missbraucht. Und bei der Anlage ihrer Trasse hat man Spuren der Antike wie die Reste von Wohnhäusern, Brunnen und Bauten auf den Foren sowie den Sockel der Kolossalstatue des Nero rücksichtslos zerstört. Deshalb gibt es heute Stimmen, die den Rückbau der Prachtstraße fordern.

Um das Kolosseum, das längst zu einem Wahrzeichen der Stadt avanciert ist, auch weiterhin zu erhalten, reichten die Verkehrsberuhigungsmaßnahmen allerdings längst nicht aus. Vielmehr machte sein desolater Zustand nun umfangreiche Restaurierungsmaßnahmen erforderlich. Es fand sich mit dem Besitzer des Unternehmens Tod's ein italienischer Schuhmagnat, der sich bereiterklärte, die kostspielige Angelegenheit mit 25 Millionen Euro zu sponsern. Inzwischen hat sich der Zustand des Bauwerks deutlich verbessert. Mehr noch: Konnte man früher nur bis auf eine Plattform im Eingangsbereich gelangen, so kann man nun den gesamten Innenraum des Kolosseums innerhalb der Zuschauerränge umschreiten. So gewinnt man einen sehr plastischen Eindruck von den ungeheuren Dimensionen der Arena.

Doch als noch weitaus ungeheuerlicher empfand ich die bedrückende Atmosphäre im Inneren des Amphitheaters. Denn wie kann man sich der Erinnerung an all das Leid, all die Schmerzen, die Qualen, die Todesangst und das grauenvollen Sterben entziehen, die das Gemäuer im Lauf der Jahrhunderte in sich aufgesogen hat? Nun haben sie mich doch wieder eingeholt, die Toten von Rom. Und hier tun sie es auf beklemmendere Art und Weise denn je.

Doch die Römer setzen ein positives Zeichen und nutzen die Schrecken der Vergangenheit seit 1999 als Mahnmal für eine bessere, eine humanere Zukunft. Wann immer irgendwo auf der Welt ein Todesurteil ausgesetzt wird oder ein Staat die Todesstrafe abschafft, erstrahlt das Kolosseum für die Dauer von zwei Tagen in fröhlich-bunter Beleuchtung.

Würde die Evolution menschlicher Ethik doch bloß überall so vielversprechend voranschreiten wie in Rom.

Maccheroni alla romana – Makkaroni auf römische Art

Zutaten für 4 Personen:

500 g Makkaroni
2 Zwiebeln
150 g durchwachsener Speck (z.B. Guanciale, gewürfelt)
500 g grüne Erbsen (tiefgekühlt)
100 ml Weißwein
2 Eier
120 g geriebener Parmesan
60 g Butter
½ Bd. Blattpetersilie
Olivenöl
Salz, Pfeffer

Zubereitung:

Die Makkaroni-Nudeln in siedendem Salzwasser kochen, bis sie bissfest sind.

In der Zwischenzeit die Zwiebeln schälen und würfeln. In einem Topf die Butter zerlassen und die Zwiebeln darin glasig anbraten. Dann die Erbsen hinzugeben und mit dem Weißwein ablöschen. Salzen, pfeffern, die Hitze reduzieren und 6 Minuten lang dünsten lassen.

In einer Pfanne einen Schuss Olivenöl erhitzen und den Speck darin kross braten. Dann die Hitze reduzieren und die Erbsen hinzugeben. Die Eier mit dem Parmesan verquirlen und mit Salz und Pfeffer würzen. Die Petersilienblättchen abzupfen und grob hacken. Die fertigen Nudeln abgießen und zurück in den Topf geben. Die Eier-Parmesan-Mischung und die Speck-Erbsen-Mischung hinzugeben, gut verrühren und sofort auf Tellern anrichten.

Mit etwas Petersilie bestreuen und servieren.

Mäzene und Magie – ein römisches Märchen

Es ist, als sei eine Fee durch die Gassen der römischen Altstadt geschwebt, umwölkt von Sternenstaub, und als habe sie hier und da ihren magischen Zauberstab geschwungen. Funkelnder Glitzerglanz fiel daraus herab auf so manches römische Urgestein, das sich eben noch voller Scham schmutzig, staubig und verkommen in seine Ecke drängte. Auf diese Art hofften die Aschenputtel von Rom vielleicht, den zahllosen Blicken entgehen zu können, denen sie nackt und bloß in ihrer Schande ausgeliefert waren, die Spanische Treppe, die Piazza del Popolo, der Trevi-Brunnen. Doch plötzlich, wie durch Zauberstreich, erstrahlen sie alle in so glanzvoller Schönheit, als seien sie dem Bilderbuch römischer Grandezza frisch entsprungen. Was ist geschehen?

Obwohl die Stadt Rom von ihren zahlreichen Übernachtungsgästen eine ansehnliche Touristentaxe erhebt, ist sie ständig klamm. Im städtischen Haushalt klafft ein Loch, so bodenlos und versumpft wie die Cloaca Maxima, der antike Abwasserkanal von Rom. Mühsam klauben die Stadtkämmerer hier und da noch ein paar Cent für die längst überfälligen Zahlungen zusammen, für den öffentlichen Dienst, für die Instandhaltung der Straßen, für die Beseitigung von Müll. Alles andere ist purer Luxus in einer Stadt, in der das böse Wort „Zahlungsunfähigkeit“ längst nicht mehr nur hinter vorgehaltener Hand ausgesprochen wird und deren Minus beängstigende Dimensionen angenommen hat.

Wer soll sich also um den Erhalt all der Denkmäler kümmern, um derentwillen die vielen Touristen nach Rom kommen? Wie lange werden die Schaulustigen noch kommen, wenn der Glanz früherer Tage im Totentanz der Zeit zu einer tristen Elegie dahinbröckelt? Und darf man es tatenlos mitansehen, wie die Kulturschätze der Menschheit dahinsiechen und unwiederbringlich verloren gehen?

Nein, möchte man ausrufen, und genau das tat eines Tages eine wohlhabende Freundin der Stadt. Sie erbot sich, ein Baudenkmal aus eigenen Mitteln renovieren zu lassen. Es war die Mode- und Parfumdesignerin Laura Biagiotti, die den Verfall der einst von Michelangelo erschaffenen Freitreppe, die auf den Kapitolshügel hinaufführt, nicht mehr mit ansehen konnte. Deshalb griff sie 1998 in die eigene Tasche, um die Treppe instand setzen zu lassen. Und wo sie schon einmal dabei war, ließ sie auch gleich die Brunnen auf der Piazza Farnese restaurieren, die in antiken Badewannen aus ägyptischem Granit sprudeln. Im 16. Jahrhundert hatte die Familie Farnese diese aus den Caracalla-Thermen herbeischaffen und auf dem Platz im mittelalterlichen Zentrum der Stadt aufstellen lassen.

Die großzügige Mäzenin löste mit ihrem Engagement eine Kettenreaktion in der Modewelt aus. Denn natürlich wollten andere Unternehmen nicht im Schatten von Laura Biagiotti stehen und dort knausrig aussehen. So kramte die Glamourbranche ihre Spendierhosen aus den Schubladen und nahm römische Bauwerke unter die Lupe, auf der Suche nach einem hübschen Schmuckstückchen, das sich prestigeträchtig aufpolieren ließe.

Von Tod's Engagement am Kolosseum haben wir schon gehört, ganze 25 Millionen Euro machte der Firmenbesitzer dafür locker. Andere Geldgeber nahmen sich der Brunnen auf den Plätzen der Altstadt an, wobei das Modelabel Fendi den dicksten Fisch an Land zog: den Trevi-Brunnen. 2014 wurde das Wasser abgestellt, und der legendäre Barockbrunnen verschwand für die Dauer von 16 Monaten hinter einem Baugerüst. Nicht nur die Klimaschwankungen hatten seinem Marmor- und Travertingestein erheblich zugesetzt, wiederholt war es auch zu Vandalismus gekommen. Schließlich musste sogar befürchtet werden, das gesamte Kunstwerk könne in sich zusammenbrechen. Es war also allerhöchste Zeit zum Handeln.

Mehr als zwei Millionen Euro verschlang die Instandsetzung, bei der auch gleich moderne LED-Scheinwerfer eingebaut wurden. Doch sogar ohne deren Licht erstrahlt der Trevi-Brunnen jetzt, als sei er gerade neu erschaffen worden. Nun kann man auch getrost wieder Münzen hineinwerfen, ohne gleich befürchten zu müssen, das Kunstwerk damit zum Einsturz zu bringen. Ein alter Aberglaube besagt, man müsse eine Münze über die linke Schulter in den Brunnen werfen, womit man sicherstelle, wieder nach Rom zurückzukehren. Wem das nicht genügt, der lässt zwei Münzen hineinfallen, denn das verheißt eine Liebelei mit einem Römer respektive einer Römerin. Wer diese Person dann sogar ehelichen möchte, dem wird geraten, gleich drei Münzen in den Trevi-Brunnen zu werfen. Dank dieser Sitte werden alljährlich knapp anderthalb Million Euro aus dem Trevi-Brunnen gefischt, die der Caritas zugutekommen.

Anlässlich der Wiedereröffnung des Trevi-Brunnens ließ sich Fendi natürlich gebührend feiern und sonnte sich im Lichte der barocken Pracht. Die Firmenleitung und Fendis damaliger Chefdesigner Karl Lagerfeld nahmen huldvoll die Ovationen entgegen. Doch damit nicht genug. Das Unternehmen sicherte sich im Gegenzug für die Übernahme der Restaurierungskosten das Recht auf ein exklusives Spektakel. Anlässlich des 90-jährigen Firmenjubiläums fand eine Modenschau statt, die wohl absolut einmalig sein dürfte. Denn der Trevi-Brunnen, den – abgesehen von einst Anita Ekberg – außerhalb von Instandhaltungsarbeiten nie ein Mensch betreten darf, diente als Kulisse für einen surrealen Abend. Es war, als sei die Fee mit dem Zauberstab noch einmal erschienen und habe die Piazza Trevi in eine magische Fantasy-Welt verwandelt. Fendis Models schwebten auf einem Catwalk aus Plexiglas über das Wasser des Trevi-Brunnens und zeigten dabei glamouröse Outfits, wie geschaffen für die Prinzessinnen aus einem Märchenbuch. Die Show lieferte solch sensationelle Bilder, dass sich allein dafür der Aufwand gelohnt zu haben schien. Denn kann man sich eine bessere Werbung vorstellen?

In der Chefetage des Luxusjuweliers Bulgari überlegte man sich derweil, welcher Happen vom Renovierungskuchen sich auf dem Teller der eigenen Imagepflege gut machen würde. Genau wie das Modehaus Valentino verdankte Bulgari der großen Zeit von Cinecittà seinen Aufstieg an die Weltspitze. In den Fünfziger- und Sechzigerjahren entdeckten die großen Filmdiven das kleine Familienunternehmen in der Via dei Condotti und ließen sich dort mit glitzerndem Geschmeide behängen. Es folgte ein rasanter Aufstieg: In den Siebzigerjahren entstanden Filialen in Monte Carlo, Paris, Genf und New York, und heute ist Bulgari der drittgrößte Schmuckhersteller der Welt.

Da lag es auf der Hand, sich des Bauwerks anzunehmen, auf das die Via dei Condotti zuläuft und das die noble Straße krönt wie ein steinerner Wasserfall: die Spanische Treppe. Jahrzehntelang war die grandiose Freitreppe aus dem 18. Jahrhundert als Hotspot eines urbanen Schmuddelsumpfes verkommen.

Auf ihren Travertin-Stufen wurde nämlich beileibe nicht nur gepflegt gesessen und gerastet. Überbleibsel von Essen und Trinken, Müll, Zigarettenkippen, Kaugummis, Erbrochenes, Urin, Schmierereien und schiere Zerstörungswut hatten die herrliche Treppe längst in ein verpestetes Ungetüm verwandelt.

Anderthalb Millionen Euro schüttete Bulgari in einen Topf und finanzierte daraus die Wiederherstellung der Spanischen Treppe, die fast ein Jahr beanspruchte. 138 Stufen galt es von allem Unrat zu befreien, und im September 2016, als sie wieder freigegeben wurde, erstrahlte auch die Spanische Treppe, als erfülle sie ein inneres Leuchten. Wenn es doch auch so bleiben würde!

Ernsthaft brachte Bulgari die Idee ins Gespräch, die Treppe mit Einbruch der Abenddämmerung für den Publikumsverkehr zu sperren. Das jedoch ist kaum durchführbar und würde zudem die römische Altstadt eines ihrer nächtlichen Highlights berauben. Denn das Nachtleben von Rom findet in wesentlichen Teilen auf den Straßen statt.

Deshalb patrouillieren nun ununterbrochen Polizisten mit Argusaugen auf den Stufen und nehmen sich rigoros jeden vor, der es wagt, hier zu essen, zu trinken oder gar zu rauchen. Und trotzdem klebten wenige Tage nach der Wiedereröffnung schon wieder die ersten festgetretenen Kaugummis auf dem Travertin. In der Konsequenz wurde inzwischen das Sitzen auf der Treppe strikt verboten, es drohen bis zu 400 Euro Strafe. Das ist schade, denn besonders die Spanische Treppe verwandelte sich zuvor in den wärmeren Monaten allabendlich in einen schillernden kosmopolitischen Festplatz.

Respektvoller Umgang mit öffentlichen Gütern ist leider nicht jedermann selbstverständlich. Das demonstrierten auch niederländische Hooligans, als sie 2015 die gerade erst aufwendig restaurierte Fontana della Barcaccia bei Ausschreitungen im Vorfeld eines Europa-League-Spiels schwer beschädigten. Dieser Brunnen in Form einer Barke liegt zu Füßen der Spanischen Treppe. Er wurde im 17. Jahrhundert von Pietro Bernini erschaffen, dem Vater des Barockmeisters Gian Lorenzo Bernini. Einige der Schäden, welche die Fußballrowdys anrichteten, sind irreversibel.

Die Straßen um die Piazza di Spagna sind seit 2014 Fußgängerzone. Im gleichen Jahr wurde die Fassade der Kirche Santa Trinità dei Monti restauriert, die über der Spanischen Treppe thront wie ein Elfenbeinturm.

Aber es gibt noch viel mehr zu tun: Die Stadt wünscht sich weitere Mäzene, die sich der übrigen Brunnen annehmen, der Foren, der Paläste auf dem Palatin oder des Circus Maximus. Die Liste ist lang, sie ist im Internet veröffentlicht. Wer investieren möchte, hat die Wahl zwischen einigen historischen Plätzen, mehreren Straßen und Wegen, rund 80 Brunnen und knapp 600 archäologischen Ausgrabungsstätten.

Zwischen den maroden Bauten der Altstadt stechen die bereits verschönerten Denkmäler, Kirchen und Brunnen natürlich ganz besonders hervor. Es ist, als erwache die Stadt aus einem düsteren Albtraum und richte sich allmählich wieder auf zu der stolzen und Ewigen Stadt, die sie doch eigentlich ist.

Jeden Abend spazieren wir durch die Gassen, die im warmen Licht der Straßenbeleuchtung so malerisch wirken, voller Menschen, die die barocke Altstadt in eine heitere Partymeile verwandeln. Und immer wieder leuchtet hinter einer Ecke ein illustres Bauwerk auf wie der Brillant in einer kostbaren Preziose. Das antike Marsfeld ist eine einzige prachtvolle Kulisse, ein atmendes Barockgemälde, ein buntes, schillerndes Wunderland.

Doch dann frage ich mich, wie es den Menschen ergehen mag, die in dieser Altstadt wohnen. Ein Auto sollte man hier besser nicht besitzen, und auch Radfahrer haben es schwer. Denn wie ein gewaltiger Strom fließt die Menge ununterbrochen durch Gassen und Straßen, füllt alle Plätze und jede Ecke. Für den, der ein Fortkommen sucht, bleiben die nicht minder überfüllten öffentlichen Verkehrsmittel, die man erst einmal erreichen muss und deren Pünktlichkeit sich nach astrologischen Vorhersagen zu richten scheint.

Und zwischen alle den Touristenläden und Restaurants finden sich in der Altstadt nur vereinzelt Geschäft mit erschwinglichen Lebensmitteln und anderen Produkten für den täglichen Bedarf. Was also bedeutet die verkehrsberuhigte und touristengerechte Altstadt für den normalen Anwohner? Und andersherum, was wäre ein Stadtviertel ohne Menschen, die dort wohnen und es mit der Lebendigkeit ihres profanen Alltags füllen? Wird sich die Altstadt von Rom etwa zu einem musealen Hochglanzfreizeitpark entwickeln?

Grattachecca al limone – eine römische Erfrischung

Zutaten für 4 Personen:

250 ml frisch gepresster Zitronensaft
die Schale einer unbehandelten Zitrone (nur der gelbe Anteil, fein abgerieben)
350 g Zucker
8 Blättchen frische Minze

Zubereitung:

4 Minzeblättchen fein hacken. Den Zucker zusammen mit 800 ml Wasser in einen Topf geben und langsam unter Rühren erhitzen, bis der Zucker ganz aufgelöst und ein Sirup entstanden ist. Vom Herd nehmen und den Zitronensaft durch ein feines Sieb hinzugießen. Zitronenschale und Minze dazugeben, alles vorsichtig miteinander verrühren, abkühlen lassen und danach ins Eisfach stellen.

Nach 10 Minuten herausnehmen und durchrühren, um die Eiskristalle zu brechen. Wieder zurückstellen und das Ganze vier- bis fünfmal wiederholen, bis eine lockere Masse aus Eiskristallen entstanden ist. In Gläser füllen, mit einem Minzeblatt dekorieren und servieren.

Grattachecca ähnelt der sizilianischen Granita und ist die römische Variante der einem Sorbet ähnlichen Erfrischung. Sie wurde um die vorletzte Jahrhundertwende herum erfunden und entstand durch das Schaben eines großen Eisblocks, der „checca“ (“grattare la checca“ – „den Eisblock schaben“). In der ganzen Stadt gibt es historische Kiosks, wo die Spezialität verkauft wird, der bekannteste liegt gegenüber der Tiberinsel im Viertel Trastevere. Grattachecca wird in vielen verschiedenen Geschmacksvarianten angeboten, traditionell sind Zitrone, Orange, Mandelmilch sowie Minze oder eine Komposition aus Tamarinde, Zitronenstücken und Amarena-Kirschen. Es gibt aber auch viele neue Rezepturen, die zum Beispiel tropische Früchte, Kokosnuss oder andere Zutaten verwenden.

Die Vögel – Fluch und Spektakel

Mit ungläubigem Staunen betrachte ich den Himmel über Rom. Denn dort findet ein wirklich beeindruckendes Feuerwerk statt. Es ist ein fulminanter Tanz am pastellfarbenen Abendhimmel, dessen Choreografie mal weich wogende Wellen, mal blitzartige Zickzackwirren erschafft. Dann wieder zeigt er eine finstere Zusammenballung, die schon im nächsten Moment gleich einer Supernova auseinanderbirst. Das ganze Firmament ist davon erfüllt, und als die dunklen Wolken der Tänzer in meine Richtung nahen, verfinstert es sich geradezu. Unzählige Vögel sind es, die dieses grandiose Spektakel an den Himmel zaubern. Fasziniert schaue ich ihnen eine Weile dabei zu.

„Porca miseria!“, flucht Simona, meine römische Freundin, die ich zur Weihnachtszeit noch einmal besucht habe, und reißt mich aus meiner Naturbeobachtung. „Wenn wir jetzt losgehen, müssen wir einen Schirm aufspannen.“ Verwundert schaue ich sie an. Einen Schirm? Es ist zwar Dezember, aber am Himmel zeigt sich kein Wölkchen. Jedenfalls kein normales. Da sind nur die Vogelschwärme, und langsam dämmert mir, was Simona meint. Denn der außergewöhnliche Tanz hat eine unangenehme Nebenwirkung: einen Platzregen aus schwarzgrünem Kot.

Jahr für Jahr ziehen Abermillionen Zugvögel durch die luftigen Höhen über Europa. Jede Art hat ihr eigenes Ziel. Manche fliegen aus polaren Regionen in den Norden von Mitteleuropa, manche aus asiatischer Ferne in Europas Westen. Andere brechen in Nordeuropa auf, um in Afrika Wärme und Nahrung zu suchen, und wieder andere finden ihr Ziel in mediterranen Gefilden. Zu letzteren zählen die Stare, die in ganz Nordeuropa verbreitet sind und zu den am häufigsten vorkommenden Vogelarten der Welt gehören. Die mitteleuropäischen Stare sind sogenannte Teilzieher, das heißt, dass manche Tiere einer Population standorttreu sind, andere wiederum machen sich auf den Weg nach Süden. Dabei fliegen sie nicht weiter als bis zu 2.000 Kilometer, ihre Winterreise führt sie in die Mittelmeerländer.

Doch in den letzten Jahren haben die Wanderstare eine merkwürdige Vorliebe entdeckt. Ganz wie menschliche Reisende, die einem angesagten Trend folgen, haben sie sich eine neue Lieblingsdestination auserkoren. Und der Ballermann der Stare heißt Rom. Jedes Jahr im Dezember sammeln sich Millionen von Staren in der italienischen Hauptstadt, ihre bevorzugten Bettenburgen sind die großen Platanen entlang des Tiberufers. Machten sie sich früher nach einer kurzen Rast auf die Weiterreise nach Sizilien, so überwintern jetzt immer mehr Stare kurzentschlossen in Rom.

„Eine Katastrophe", sagt Simona und betrachtet den Vogelschwarm, der sich gerade vor unserem Fenster in die Höhe aufschwingt, mit angewidertem Kopfschütteln. „Du kannst dir das nicht vorstellen", fährt sie fort. Denn der Vogelkot verursacht nicht nur hässliche Flecken auf Jacken und Mänteln oder – bewahre – klebt penetrant stinkend im Haar. Er pappt auch auf den Autos und beschädigt den Lack, er verunziert die Dächer und bedeckt die Straßen der Stadt.

Gerade Letzteres erweist sich als das allergrößte Problem, denn wenn es nun auch noch regnet, werden die Straßen glitschig, als seien sie mit Schmierseife eingekleistert. Besonders extrem ist das am Lungotevere und den anderen Straßen entlang des Tiberufers, wo die Stare ihre Nachtruhe auf den Bäumen halten. Da schlittern Autos, Fahrräder, Motorräder und Vespas durch die Exkremente und verursachen dabei so manchen Unfall. Fußgänger rutschen aus und landen im widerlich stinkenden Dreck. Die einzigen, die sich freuen, sind die fliegenden Händler, die im Winter auch bei blauem Himmel gute Geschäfte mit ihren Regenschirmen machen.

Irritiert beobachte ich einen Vogelschwarm, der gerade wie ein Tornado trichterförmig über der Kuppel des Petersdoms kreist, um jählings davonzuwirbeln und das Vittorio-Emanuele-II.-Denkmal hinter einer schwarzen Wolke verschwinden zu lassen. „Aber warum", frage ich Simona, „warum ausgerechnet Rom?"

Sie erklärt mir, dass die Vögel tagsüber im Umland von Rom unterwegs sind, wo sie in den zahlreichen Olivenhainen üppige Nahrung finden. Oliven sind nämlich eine Lieblingsspeise der Stare. Diese Vorliebe hat eine unangenehme Nebenwirkung, denn die fettreichen Früchte machen die Fäkalien ölig-schmierig und erschweren die Reinigung dadurch erheblich.

Nach ihrem Festmahl in den Olivenplantagen kehren die Stare allabendlich in die Stadt zurück. In der Stadt und besonders am Tiberufer ist es nämlich deutlich wärmer als irgendwo sonst im gesamten Umkreis. Das liegt einerseits daran, dass sich wärmende Abgase und Smog in der Senke sammeln, die der Fluss durchfließt. Anderseits speichern die steinernen Gebäude und der Asphalt der Großstadt die Sonnenwärme tagsüber wie Akkus, um sie nach Einbruch der Dunkelheit wieder freizugeben.

In den Baumkronen finden die Vögel Schutz. Vor den Menschen, vor Autos, Lärm und Lichtern fürchten sie sich nicht. Denn all das sorgt dafür, dass wirkliche Gefahren von ihnen ferngehalten werden. Hier lauern nämlich kaum Raubvögel oder andere Fressfeinde. Das Tiberufer inmitten der schützenden Stadt ist deshalb für die Stare ein ideales Refugium und bietet ihnen äußerst komfortable Übernachtungsmöglichkeiten. Doch auch die Friedhöfe im Stadtgebiet werden zunehmend von Staren bevölkert.

Ein bisschen traurig sehe ich den Vögeln zu, die ein wirklich sensationelles Schauspiel über der abendlichen Stadt bieten. Aber ich verstehe allmählich, dass den Römern die Freude daran vergangen ist. Was kann man bloß tun?

Bis vor wenigen Jahren, erzählt Simona, hat die Stadt vielerorts Lautsprecher aufgestellt, die den Warnschrei der Stare und den Ruf von Raubvögeln nachahmten. So sollte den Tieren suggeriert werden, dass sich Feinde in der Nähe befinden und dass sie hier in Rom großer Gefahr ausgesetzt seien. Dann, so der Plan, würden die Vögel sich zum Weiterflug ins sicherere Sizilien entschließen.

Doch leider hat die allgegenwärtige Geldnot die Stadt dazu gezwungen, diese Maßnahmen einzudämmen. Außerdem ließen sich die schlauen Stare davon auch nicht wirklich langfristig beeindrucken. Vielmehr durchschauten sie den Trick ziemlich schnell. So kommt es, dass inzwischen geschätzte drei bis vier Millionen Stare ihren Winter in Rom verbringen – sozusagen kommt also auf jeden Römer mindestens ein Star.

Da schnalzt, schwatzt, pfeift und kirrt es über dem Tiberufer aus Millionen Vogelkehlen, und selbst dem eingefleischtesten Romantiker vergeht die Lust auf einen abendlichen Bummel mit Blick auf Engelsburg und Petersdom. Denn auch ohne die dicke Kotschicht, die man hier durchwaten muss, denkt man wohl eher an Hitchcocks „Vögel“ als an elysische Schwärmerei, wenn die schwarzen Wolken zur Nachtruhe aus dem Himmel herniedersinken.

Und ist es dann endlich dunkel, bleibt das zirpende Geschwätz der Vögel, die sich mit endlosen Gutenachtgeschichten die Abendzeit vertreiben. Dies, so weiß Simona, kann so laut werden, dass die Anwohner ihre Fenster schließen und den Ton lauter stellen, damit der Fernseher noch zu verstehen ist. „Es ist eine Plage", schimpft sie. „Wegen der Stare mussten sogar schon Flugzeuge umgeleitet werden oder notlanden."

Auf dem Campo Verano, dem größten Friedhof von Rom im Westen der Altstadt, ist derzeit ein Falkner mit seinen Tieren unterwegs, weiß Simona. Er ist von der Friedhofsverwaltung gebucht worden, in der Hoffnung, dass seine Vögel die auch hier allgegenwärtigen Stare verjagen. Andere Institutionen haben ihn ebenfalls schon engagiert, etwa Krankenhäuser oder die Flughäfen von Rom. Doch der Feldzug der Falken gegen die Übermacht der Stare ist nur ein Kampf auf verlorenem Posten.

Denn die Stare sind wahre Kunstflieger und verfügen über phänomenale Fähigkeiten. Jeder Vogel konzentriert sich im Flug auf jeweils die sieben Artgenossen, die ihm am nächsten sind. Verändert einer dieser Vögel seine Richtung, so reagieren die anderen blitzschnell und passen sich der neuen Flugbahn an. Auf diese Weise setzen sich Bewegungsänderungen in rasantem Tempo durch den ganzen Vogelschwarm fort. Die Wechselwirkung kann dabei gleichzeitig auch entfernt fliegende Vögel am anderen Rand des Schwarms erreichen, sodass eine koordinierte Änderung der Flugrichtung innerhalb des Schwarms noch schneller erfolgt.

Taucht nun ein Raubvogel auf, so verdichtet sich die Starenwolke in Windeseile um ihn herum, schließt ihn in einem engen Kreis ein und irritiert seinen Flug dadurch so sehr, dass er hilflos unten aus dem Schwarm heraustrudelt. Ein Falke kann den Staren deshalb nicht wirklich gefährlich werden, er stört sie bestenfalls ein bisschen und animiert sie zu noch spektakuläreren Flugformationen.

Die Stadtverwaltung verzichtet darum auf den kostspieligen Einsatz des Falkners. Was bleibt, ist die Bekämpfung der Symptome. Die Teams der Stadtreinigung sind mit neuen Geräten und Maschinen aufgerüstet worden, um wenigstens die wichtigsten Denkmäler vom Vogelkot befreien zu können.

All dies berichtet mir Simona, und ich denke darüber nach, während ich wieder den Staren zuschaue. Sie erinnern mich an ein Spiel aus meiner Kindheit. Winzige Eisenspäne waren auf einer Fläche unter einer Glasplatte eingeschlossen, und bewegte man darunter einen Magneten, so folgten die Eisenteilchen ihm im Handumdrehen und bildeten dabei die bizarrsten Muster. Der Flug der Stare zaubert ähnlich Formationen herbei, nur, dass er sich in weitaus größeren Dimensionen bewegt. Er tanzt ein fantastisches Ballett vor der großartigen Kulisse des Abendhimmels von Rom. Ob ich Simona nicht doch zu einem Spaziergang überreden soll?

Pollo alla romana – Hähnchen auf römische Art

Zutaten für 4 Personen:

1 Hähnchen (1.200 g, küchenfertig und in 8 Portionsstücke zerlegt)
4 Knoblauchzehen
250 ml Weißwein
500 g Tomaten
100 g durchwachsener Speck (gewürfelt)
2 rote Paprikaschoten
1 Zweig Rosmarin
1 El Tomatenmark
Olivenöl, Pfeffer, Salz

Zubereitung:

Die Tomaten mit siedendem Wasser überbrühen, häuten, entkernen und würfeln. Die Knoblauchzehen schälen und in Scheibchen schneiden. Die Paprika waschen, Stielenden und Kerne entfernen, die Paprika in Streifen schneiden. Die Hähnchenteile salzen und pfeffern.

In einem Schmortopf einen Schuss Olivenöl erhitzen und den Speck darin braten, bis er glasig ist. Dann den Knoblauch und das Tomatenmark hinzugeben und kurz mitschmoren. Die Hähnchenteile dazulegen und ringsum bräunen lassen. Mit dem Weißwein ablöschen, Tomaten und Rosmarinzweig hinzugeben, salzen, pfeffern, kurz aufkochen und dann die Hitze soweit reduzieren, bis alles nur noch leise köchelt. Mit dem Deckel verschließen und 40 Minuten lang schmoren lassen.

In der Zwischenzeit etwas Olivenöl in einer Pfanne erhitzen und die Paprikastreifen 8–10 Minuten lang kräftig darin braten. 5 Minuten vor Ende der Schmorzeit obenauf in den Hähnchentopf legen und mitgaren lassen.

Im Anschluss den Rosmarinzweig entfernen und alles zusammen auf einer Platte oder auf Tellern anrichten.

Dazu krosses Weißbrot und grünen Salat servieren.

Avantgarde statt Antike – Rom geht neue Wege

Dieses wunderbare Rom! Ich schlendere mal wieder durch die Straßen und kann die allgegenwärtige, überwältigende Schönheit noch immer nicht fassen. Die Strahlkraft der Antike, die frühchristlichen Basiliken, die Erhabenheit der Renaissance, das überbordende Schwelgen des Barock. Die Kirchen, Paläste und Plätze, die Brunnen und Monumente, die Faszination eines einzigen riesigen Freilichtmuseums. All die Menschen, die Teil der Inszenierung sind, ob sie sich dessen bewusst sind oder nicht. Römer in dezent-elegantem Outfit, Touristen in knallbunten Shirts, fröhlich herumtollende Kinder, junge Leute voll sprühender Energie, glückstrunkene Verliebte und kulturbeflissene ältere Herrschaften, sie bummeln oder eilen, schwatzen, fotografieren oder trinken Kaffee, und alle genießen das Dasein. Es ist die pure Lust am Leben im vielleicht schönsten und lebendigsten Museum der Welt.

Wozu, frage ich mich, braucht Rom noch ein weiteres, ein richtiges Museum aus Stahl, Glas und Beton? Hat es denn nicht schon alles, was eine Kulturhauptstadt sich wünschen kann – und sogar noch viel mehr?

Nein, das hatte es nicht. Zumindest nicht bis 1999. Denn erst in jenem Jahr eröffnete im Stadtteil Testaccio in den Räumen einer ehemaligen Brauerei Roms erstes Museum für zeitgenössische Kunst. Die an Kunstschätzen überreiche Stadt hatte bis dahin wahrhaftig eine ganze Kunstepoche sträflich vernachlässigt: die Moderne. Durch das „Museo d'arte contemporanea di Roma (Museum für zeitgenössische Kunst von Rom), das „MARCO", änderte sich dieser Zustand endlich, denn mit rund 1.200 Exponaten präsentiert es nun einen guten Einblick in das künstlerische Geschehen seit 1960.

Aber ist das wirklich genug für eine solch majestätische Kulturmetropole wie Rom? Natürlich nicht, entschied man im italienischen Kulturministerium schon ein Jahr vor der Eröffnung des MARCO. Da musste doch noch einiges mehr möglich sein, und vor allen Dingen in einem deutlich extravaganteren Rahmen als demjenigen, den eine alte Brauerei bieten kann. Jahrtausendelang haben Menschen mit ihren innovativen Ideen das Antlitz von Rom geprägt, sie haben Stil und Geschmack ihrer jeweiligen Epoche in den Gebäuden und Monumenten der Stadt verewigt. Selbst die Faschisten unter Mussolini drückten Rom mit ihrer protzigen Imperialarchitektur den eigenen Stempel auf. So ist denn Rom auch ein Spiegel der Architekturgeschichte.

Was sollen die Menschen von morgen über die Baumeister im Rom unserer Zeit sagen? Dass sie der Nachwelt nur gesichtslose Zweckbauten an der Peripherie hinterlassen haben? Höchste Zeit, dem entgegenzutreten und ein Zeichen zu setzen!

Machen wir einen Ausflug ins Viertel Flaminio im Norden der Stadt. Von einer Schleife des Tiber umschlungen, verdankt es seinen Namen der Via Flaminia, die Rom seit der Antike mit der Adriaküste verbindet. Im 19. Jahrhundert legte die Regierung hier ein Kasernenareal an, und kurz nach der vorletzten Jahrhundertwende wurde das Quartiere Flaminio dann auch als Wohngebiet für die wachsende Metropole erschlossen. Doch inzwischen hat sich noch weitaus mehr getan.

Ein gigantischer weißer Betonquader ragt über einer dynamisch geschwungenen Wand hervor. An seiner Vorderseite liegt eine Öffnung aus bläulich schimmerndem Fensterglas, wie eine Raupe mit eckigem Kopf scheint der Quader über dem Rundbau herauszulugen. Sind es von oben gesehen breite, L-förmige Bauelemente, die sich ineinander verschlingen, so erscheint die Basis der Struktur von vorne betrachtet wie eine überdimensionale flache Muschel, aus der eine Art Krabbe auf Stelzenbeinen heraustritt. Und in den Fenstern spiegeln sich die ockerfarbenen Fassaden der typisch römischen Mietshäuser aus dem beginnenden 20. Jahrhundert. Gleich daneben liegen die nüchternen Kasernen des ehemaligen Militärgeländes. Krasser könnten die Gegensätze wohl kaum sein.

Und entsprechend kontrovers fielen die Kommentare aus, als dieses utopische Gebilde nach elfjähriger Bauzeit im Mai 2010 endlich eröffnet wurde. Das sehe aus wie eine Tagliatelle – ein Teller voller Bandnudeln –, schimpften die Römer über das schneeweiße Betongebäude, und der Name blieb an ihm haften. Eigentlich heißt es aber „Museo nazionale delle arti del XXI secolo" (Nationalmuseum der Künste des 21. Jahrhunderts) oder kurz „MAXXI".

Klar strukturierte Übersichtlichkeit und strikte bauliche Ordnung waren nicht die Sache der Architektin, die als Siegerin unter den 273 Teilnehmern der Ausschreibung für Roms Museumsneubau hervorging. Gegen in der Szene so renommierte Namen wie Rem Koolhaas, Toyo Ito oder Souto de Moura setzte sich die Irakerin Zaha Hadid durch. Ihr erfolgreicher Entwurf entstand unter planerischer Mitwirkung ihres beruflichen Partners, des Architekturprofessors Patrik Schumacher aus Bonn.

Zaha Hadid wurde 1950 in Bagdad geboren, und es heißt, dass sie schon im Alter von elf Jahren ein klares Berufsziel verfolgte: Sie wollte Architektin werden. Hadid kam aus einer Akademikerfamilie, und ihre Eltern unterstützten die ehrgeizigen Ziele der Tochter. Nach einem Mathematikstudium in Beirut emigrierte die junge Frau Anfang der Siebzigerjahre nach London und studierte dort Architektur. Sie sollte eine spektakuläre Karriere hinlegen. Die fluiden Formen ihrer Bauwerke sind von organischen Strukturen inspiriert, diesem speziellen architektonischen Stil hat Schumacher den Namen „Parametrismus" gegeben.

Im Laufe ihrer Schaffenszeit bereicherte Hadid die ganze Welt mit vielen aufsehenerregenden Gebäuden. Darunter sind der Innovation Tower in Hongkong, das Wissenschaftsmuseum in Wolfsburg, das Opernhaus von Guangzhou, eine Brücke in Abu Dhabi, eine Bibliothek in Wien, ein Hochhaus in Marseille oder die Uferpromenade am Hamburger Elbhafen. Ihre zahlreichen weiteren geplanten Projekte konnte Hadid nicht mehr selbst realisieren, denn sie starb im März 2016 in Florida. Hadids Werke wurden mit großen Architekturpreisen ausgezeichnet, darunter auch das römische MAXXI, für das sie den Stirling-Preis erhielt, die britische Auszeichnung für herausragende Architektur.

Denn das 150 Millionen Euro teure MAXXI wirkt wie ein Außerirdischer, der aus einer fernen Galaxie im altehrwürdigen Rom gelandet ist. Und doch passt sich das Bauwerk an seinen Außenseiten geschmeidig und fast rücksichtsvoll den benachbarten historischen Kasernen an.

Seine Lebendigkeit explodiert erst im Inneren, wo endlos übereinander, miteinander und nebeneinander fließende Formen zu einer wogenden Landschaft verschmelzen. Weiblich runde Linien und der fast vollständige Verzicht auf alle unnötigen Ecken, rechten Winkel oder senkrechten Wände erschaffen einen fast orientalisch anmutenden Lichtpalast, der mehr einer riesenhaften flexiblen Skulptur gleicht denn einem Gebäude. Er ist ein bewegtes Labyrinth aus zerklüfteten Wänden, freischwebenden Treppen und Korridoren, schrägen Böden und scheinbar willkürlich angeordneten Räumen im ständigen Wechsel zwischen Tageslicht und künstlicher Beleuchtung. Hier wird es niemals langweilig, immer wieder hält man inne und staunt. Doch eines gibt es in Hadids Museumsbau garantiert nicht: Stillstand.

Fast fragt man sich, wozu es hier noch der Exponate bedarf, die sich in die fesselnde Architektur einfügen, als sei das völlig selbstverständlich. Und doch existierte zuerst das Gebäude, was genau darin präsentiert werden würde, war zum Zeitpunkt seines Entwurfs noch gar nicht klar. So versteht es sich denn auch als Experimentierstätte, als Hort zeitgenössischer Kreativität und Plattform für die Vielfalt der Kunstszene im heutigen Italien. Und diese ist ja auch in stetiger, dynamischer Bewegung.

Deshalb zeigt das MAXXI auf seiner 29.000 Quadratmeter großen Fläche auch nicht nur herkömmliche Kunstwerke, sondern eine bunte Mischung von Kreativität, die gespickt ist mit Innovationen aus Design, Film, Mode, Werbung, Architektur und Performance. Symbolhaft dafür stand die Eröffnungsfeier, die von einer Aufführung der Berliner Tanztheater-Meisterin Sasha Waltz gekrönt wurde. Das MAXXI fungiert als Sammelbecken der künstlerischen Vorstellungswelt des 21. Jahrhunderts. Der futuristische Kulturtempel steht für Roms unbedingten Willen zur Öffnung und zur Weiterentwicklung in eine spannende Zukunft.

Und diese bahnt sich inzwischen auch entschlossen ihren eigenen Weg. 2012 entstand in einer früheren Salamifabrik im Osten von Rom das „Museo dell'altro e dell'altrove“ (Museum des anderen und des Anderswo) – kurz „MAAM“. Es ist ein

Projekt ohne öffentliche Finanzierung und wird von Künstlern geschaffen, die ihre Werke in Interaktion mit den Bewohnern der Salamifabrik immer wieder neu kreieren. Denn die Fabrik ist seit Jahren besetzt, sie dient rund 200 Menschen als Bleibe, die auf dem immer teurer werdenden Wohnungsmarkt von Rom keine bezahlbare Unterkunft mehr finden. Das MAAM ist nur eines von zahlreichen privaten Kunstprojekten, die in den letzten Jahren überall in Rom aus dem Boden sprießen und frischen Schwung in das kulturelle Leben bringen.

Es scheint, dass die Stadt nun wirklich endgültig aus ihrem Dornröschenschlaf erwacht ist.

Straccetti di manzo – ein römisches Fleischgericht

Zutaten für 4 Personen:

1 Bund Rucola
400 g hauchdünn geschnittenes Rinderfilet (ca. 1 mm dick)
2 Knoblauchzehen
1 unbehandelte Zitrone
100 ml Olivenöl
Salz, Pfeffer

Zubereitung:

Die Knoblauchzehen schälen. Die Zitrone waschen, den äußersten gelben Schalenanteil abreiben und die Zitrone auspressen. Das Olivenöl mit den Knoblauchzehen, dem Zitronensaft und dem Schalenabrieb in einen Becher geben, salzen, pfeffern, gut rühren und dann 1 Stunde durchziehen lassen.

Danach den Knoblauch entfernen. Den Rucola waschen, trocken schleudern, und die dicken Stiele entfernen. Anschließend auf vier Tellern verteilen. Das Rinderfilet in längliche Streifen zerreißen, salzen und pfeffern.

In einer Pfanne 3 El der Olivenölmischung erhitzen und die Rindfleischstreifen darin ganz kurz anbraten, sodann auf dem Rucola verteilen und mit der restlichen Olivenölmischung übergießen. Sofort mit krossem Weißbrot servieren.

Wie man die Jahrtausende durchsteht – das Pantheon

Nun, da wir uns eines der avantgardistischsten Gebäude von Rom angesehen haben, werfen wir doch einmal einen Blick auf ein ganz anderes Bauwerk. Es kommt deutlich bescheidener daher, es reiht sich recht unauffällig zwischen die Wohnhäuser der historischen Altstadt auf dem früheren Marsfeld. Und doch ist es eines der spektakulärsten Gebäude von ganz Rom: das Pantheon. Denn das Pantheon steht seit rund 1.900 Jahren.

Ich war ziemlich stolz auf die pädagogisch wertvolle Frage, die ich für meine Kinder vorbereitet hatte. Als wir vor dem Pantheon standen und ich von dessen enormem Alter erzählte, da wollte ich von ihnen wissen, aus welchem Material das Gebäude wohl bestehen möge.

Damit meinte ich natürlich nicht die 16 aus je einem einzigen Stück gefertigten korinthischen Säulen der Vorhalle. In der vordersten Reihe bestehen sie aus ägyptischem Granit. Dieser stammt aus einem Steinbruch, dem „Mons Claudianus“, der irgendwo zwischen Nil und Rotem Meer in der Wüste liegt, rund 55 Kilometer nordöstlich von Hurghada. Das ist mehr als 2.500 Kilometer von Rom entfernt – Luftlinie. Man kann sich kaum vorstellen, welche logistische Leistung es gewesen sein muss, diesen Stein in die Hauptstadt des Reichs zu transportieren. Die Römer maßen ihm aber eine hohe Bedeutung bei, was den Aufwand in ihren Augen rechtfertigte. Der Steinbruch gehörte dem Kaiser, hier waren nur hochspezialisierte Facharbeiter beschäftigt. Sie lebten und arbeiteten unter recht komfortablen Bedingungen und fristeten ihr Dasein keineswegs so jämmerlich wie die Sklaven in anderen Steinbrüchen. Der Granit, von den Römern „marmor Claudianum" genannt, galt als äußerst kostbares Material und fand nur bei bedeutenden Bauvorhaben Verwendung, zum Beispiel auf den Foren oder bei besonderen Prachtbauten. Wie zum Beispiel beim Pantheon.

Aber die Säulen meinte ich ja nicht. Meine Frage bezog sich vielmehr auf das Hauptgebäude mit seiner 43,30 Meter hohen Kuppel. Ich hatte gehofft, die Kinder aufs Glatteis führen zu können, um sie dann mit einer völlig unerwarteten Antwort zu überraschen. Doch es zeigte sich, dass sie anders als ich selbst nicht durch vorgefertigte Denkweisen belastet waren. Denn, nachdem ich mit triumphierendem Lächeln ihren ersten Lösungsvorschlag – Steine – abgewiesen hatte, folgte gleich die richtige Antwort: Beton. Sie fanden das gar nicht erstaunlich.

Ich hingegen schon. Ich dachte immer, Beton sei eine Erfindung unserer Zeit, und noch dazu eine ziemlich banale, die unsere moderne Welt mit grauen Profanbauten überzieht. Doch das ist völlig falsch. Zwar ging das Wissen um den Beton im Mittelalter verloren und wurde erst in der Neuzeit wiederentdeckt. Den Römern diente Beton jedoch schon im 3. vorchristlichen Jahrhundert als preiswertes und praktisches Baumaterial zur Errichtung von Wohnblöcken. Sie mischten Sand, Wasser und gebrannten Kalk mit Vulkanasche und dem Mehl von gebrannten Ziegeln. Diese beiden letzten Bestandteile sind der Clou des Ganzen: Sie reagieren nicht auf thermodynamische Einflüsse, das heißt, dass Temperaturschwankungen ihnen nichts anhaben können. Mit ihnen versetzte Baustoffe bekommen deshalb keine Risse, auch wenn sie wechselweise

Frost und Sonnenhitze ausgesetzt sind. Das ist der Grund, warum die Kuppel des Pantheons noch heute steht.

Doch wirft das natürlich gleich die nächste Frage auf: Warum halten unsere modernen Betonbauten – zum Beispiel die Autobahnbrücken – nicht auch 2.000 Jahre lang? Das liegt an der Verbindung des Betons mit Bewehrungsstahl zu sogenanntem Stahlbeton. Der Stahl erhöht die Widerstandsfähigkeit des Betons gegenüber Spannungen und erlaubt deshalb eine deutlich schlankere Architektur. Doch unglücklicherweise neigt der Stahl zur Korrosion, oder einfach gesagt, er rostet. Das führt zu Rissen und damit zur Instabilität des Betons.

Der römische Beton weist dagegen eine so fantastische Belastbarkeit auf, dass sich daraus nicht nur Aquädukte bauen ließen, die bis zum heutigen Tage stehen, sondern auch das Kuppeldach des Pantheons. Es ruht auf 6,2 Meter dicken Wänden und ist die größte ohne weitere Verstärkungsmaßnahmen errichtete Kuppel, die es jemals gab. Und zwar sehr zum Verdruss der Päpste, die sich beim Neubau des Petersdoms eine Kuppel wünschten, die das Bauwerk der alten Heiden endlich ins Abseits stellen würde. Das jedoch erwies sich als nicht machbar, und deshalb hat die Kuppel des Petersdoms mit 42,34 Metern einen um 96 Zentimeter kleineren Durchmesser als die des Pantheons. Bis heute ist es dem Pantheon gelungen, seinen Rekord zu halten, es gibt noch immer keine größere Kuppel aus unbewehrtem Beton. Mithilfe von Mauerwerk gelang es aber schon 1436, die Größe der Pantheonkuppel zu übertreffen: Die Spannweite der Kuppel des Florentiner Doms misst 45 Meter, und moderne Stahlskelettkonstruktionen bringen es auf 275 Meter und mehr.

Aber nicht nur die Weite der Kuppel ist es, durch welche die grandiose Raumwirkung des Pantheons erzielt wird. Vielmehr ist es der architektonische Trick, dass der Kuppeldurchmesser exakt der Entfernung vom Fußboden zur Deckenmitte entspricht. Mit anderen Worten: Man könnte in das Pantheon eine Kugel mit einem Durchmesser von 43,30 Metern hineinlegen. Dass die Kuppel von außen betrachtet nicht rund wirkt, liegt an den höher gezogenen Außenmauern des Pantheons.

Ganz oben, in der Mitte der Kuppeldecke, klafft ein Loch. Von unten betrachtet wirkt es ziemlich klein, aber es hat tatsächlich einen Durchmesser von neun Metern. Durch dieses Loch fällt Tageslicht ins Pantheon und zaubert dabei bemerkenswerte Effekte. Entgegen anderslautenden Legenden fällt außerdem natürlich auch der Regen hindurch. Zur Mitte hin ist der Boden des Pantheons deshalb leicht abgesenkt, an unauffälligen Stellen sind kleine Abflüsse eingelassen. So kommt es, dass das Regenwasser dem Marmorfußboden keinen Schaden zufügt. Dieser ist deshalb noch weitestgehend im Originalzustand erhalten. Das gilt auch für die Gestaltung des Innenraums mit buntem Gestein, das aus allen an das Mittelmeer grenzenden Ländern herbeigeschafft wurde.

Das Kuppelgewölbe besteht aus ziemlich schlichten Kassettenreihen, die sich nach oben hin verjüngen. Jede dieser konzentrisch angeordneten Reihen besteht aus 28 Betonelementen. Dennoch kann man das Pantheon nicht als die Mutter aller Plattenbauten bezeichnen, denn die ganze Kuppel wurde auf einer riesigen Holzverschalung in einem einzigen Stück gegossen.

Obgleich das Pantheon so außerordentlich gut erhalten ist, entspricht sein heutiges Erscheinungsbild dennoch nicht mehr dem der Antike. Wichtigster Unterschied ist, dass das Straßenniveau Roms damals deutlich niedriger lag. Durch Schutt und Dreck hat es sich im Laufe der Jahrhunderte um bis zu acht Meter angehoben. Im Bereich des Pantheons lag es um 1,50 bis 2,50 Meter tiefer als heute. Man musste deshalb damals über Stufen zum Pantheon emporsteigen, während es heute wie eingegraben wirkt. Vor dem Eingang des Pantheons befand sich ein etwa 60 x 120 Meter großer Platz, der ringsum von Säulenhallen gerahmt war. Außerdem reichten die umliegenden Gebäude während der Antike bis an das Pantheon heran, seine Kuppel war deshalb von außen nicht sichtbar. Umso überwältigender muss das Erstaunen gewesen sein, wenn man sich plötzlich im Innern unter dem Kuppelgewölbe wiederfand.

Natürlich ist es nicht allein der Widerstandsfähigkeit des Betons zu verdanken, dass das Pantheon bis in unsere Tage überdauert und allem Unbill der Jahrhunderte getrotzt hat. Wie schnell ein für die Ewigkeit gedachtes Bauwerk dem Untergang geweiht sein kann, das zeigte sich am Vorgänger des heutigen Pantheons, jenem Pantheon, das Agrippa nach dem Sieg bei Actium zu Ehren des Kaisers Augustus auf dem Marsfeld errichten ließ. Davon haben wir schon gehört. Zweimal setzten Brände diesem Pantheon zu, und der zweite davon, verursacht durch einen Blitzeinschlag im Jahr 110 n. Chr., erwies sich als so zerstörerisch, dass sich Kaiser Hadrian zu einem Wiederaufbau mit umfassender Neugestaltung entschloss. Die Architektur mit dem überkuppelten zentralen Raum stellte dabei eine völlige Innovation dar. Das gewagte Projekt wurde vermutlich im Jahr 128 abgeschlossen. Wie schon der Vorgängerbau öffnete sich auch das neue Pantheon nach Norden hin, exakt ausgerichtet auf das Mausoleum des Augustus am Tiberufer.

Welche genaue Funktion das Pantheon erfüllte, weiß man nicht. Einerseits ist es wohl Tempel gewesen, doch kann man nicht mehr nachvollziehen, welchem Gott oder welchen Gottheiten es geweiht war. Andererseits gibt es Hinweise, dass es zudem auch als Gerichtsgebäude oder Bibliothek gedient haben könnte. Mit der Christianisierung endete der kultische Betrieb allmählich. Außerdem wurde das römische Reich 395 n. Chr. in West- und Ostrom geteilt. Im allmählich untergehenden weströmischen Teil herrschte ein zunehmendes Gezerre um die Macht, verbunden mit Chaos und Krieg. An den Auseinandersetzungen beteiligte sich auch der oströmische Kaiser Phokas. Als dieser keine Möglichkeit mehr sah, seine Position in Italien zu stabilisieren, wollte er sich wenigstens das Oberhaupt der Kirche gewogen machen. Deshalb schenkte er Papst Bonifatius IV. im Jahr 608 das Pantheon, das inzwischen ziemlich nutzlos mitten in Rom herumstand.

Der Papst wusste zunächst auch nicht so recht, was er mit dem heidnischen Tempel anstellen sollte. Statt ihn abzureißen, funktionierte er ihn schließlich kurzerhand um und weihte ihn im Gedenken an Maria und alle Märtyrer zur christlichen Kirche. Es heißt, dass er dazu ganze 28 Wagenladungen voll Knochen aus den Katakomben herbeischaffen und im Pantheon auftürmen ließ. Dieser Akt gilt als Ursprung des Festes Allerheiligen.

So ganz konnten die oströmischen Kaiser ihre Finger aber doch nicht vom Pantheon lassen. Konstans II. besuchte Rom im Jahr 663 und ließ die vergoldeten Bronzeplatten mitgehen, welche die Kuppel des Pantheons schmückten. Und irgendwann verschwanden bei Nacht und Nebel zwei der Säulen aus der Eingangshalle, die später mit Säulen aus den nahegelegenen Thermen des Nero ersetzt wurden. Die Bronzeplatten, mit denen der Vorbau des Pantheons ausgestattet war, ließ Papst Urban VIII. Barberini im 17. Jahrhundert entfernen und einschmelzen, um daraus Kanonen für die Engelsburg sowie die Säulen des Bernini-Baldachins im Petersdom gießen zu lassen. „Was die Barbaren nicht machten, machten die Barberini", schimpften die Römer über diesen Zerstörungsakt des Papstes.

Damit das Pantheon optisch mehr einer Kirche ähnelte,

erhielt es 1270 einen Glockenturm. Im 17. Jahrhundert störte dieser das ästhetische Empfinden des damaligen Papstes, er ließ ihn wieder entfernen und von Bernini stattdessen zwei kleinere Türmchen über dem Hauptportal des Pantheons platzieren. Aber auch das wirkte wie gewollt und nicht gekonnt, was den Türmen den Spottnamen „Eselsohren" eintrug. 1883 riss man die beiden deshalb wieder ab.

Im 15. und 16. Jahrhundert befreite man den Platz vor dem Pantheon von allem Schutt und erschuf so die Piazza della Rotonda, wie sie noch heute erscheint. 1575 erhielt sie ihren schmückenden Brunnen, der schließlich 1711 noch von einem Obelisken gekrönt wurde.

Dem Pantheon aber sollte noch eine weitere Funktion zukommen. Das große Malergenie der Hochrenaissance, Raffaelo Santi, ereilte 1520 im Alter von 37 Jahren ein früher Tod. Als Star seiner Gilde stand Raffael zuvor in päpstlichen Diensten, und deshalb gewährte man ihm seinen letzten Wunsch: im Pantheon bestattet zu werden. Man legte ihn in einen antiken Sarkophag und platzierte diesen im Rundbogen unter einem marmornen Altar. Obenauf fand eine Madonnenstatue Platz, der schon bald darauf Wundertätigkeit nachgesagt wurde und die nun als „Madonna del Sasso" verehrt wird.

Dem Maler Raffael folgten eine ganze Reihe bedeutender Persönlichkeiten, die sich im Pantheon zur letzten Ruhe betten ließen. Darunter war auch Vittorio Emanuele II., der das „Risorgimento", die italienische Einheitsbewegung, anführte. 1861 rief man ihn zum König des endlich vereinigten Landes aus, womit er zum Vater des heutigen Italiens wurde. Seine Beisetzung im Pantheon hat die skurrile Nebenerscheinung, dass bis heute italienische Monarchisten hier Ehrenwache halten und Unterschriften für die Wiedereinführung der Monarchie sammeln.

Sie hoffen vielleicht darauf, dass der eine oder andere Besucher des Pantheons sich ihrer erbarmt und unterschreibt, vielleicht auch ohne zu wissen, wozu die Kampagne eigentlich dient. Das ist bestimmt keine unbegründete Hoffnung, denn das Pantheon gehört zu den meistbesuchten Sehenswürdigkeiten von Rom. Bei besonders starkem Andrang wird der Zugang reglementiert, und wer das Pantheon in Ruhe erkunden möchte, der sollte möglichst früh vor Ort sein. Ein Aufwand, der sich für eines der besterhaltenen und beeindruckendsten Bauwerke der gesamten Antike allemal lohnt.

Spaghetti alla Carbonara

Zutaten für 4 Personen:

500 g Spaghetti
100 g gewürfelter Speck
(z.B. Guanciale)
4 Eier
100 g geriebener Pecorino

80 g geriebener Parmesan
2 Knoblauchzehen
½ Bd. Blattpetersilie
Olivenöl
Salz, Pfeffer

Zubereitung:

Die Spaghetti in kochendem Salzwasser bissfest garen. Die Knoblauchzehen schälen und fein hacken. In einer Pfanne etwas Olivenöl erhitzen und den Knoblauch zusammen mit dem Speck glasig anbraten. Die Eier in einer Schüssel mit dem Pecorino verquirlen, salzen und pfeffern. Die Petersilie waschen, die Blättchen abzupfen und fein hacken.

Die fertigen Spaghetti abgießen und mit ganz wenig Kochwasser zurück in den Topf geben, aber nicht mehr auf den Herd stellen. Zuerst die Speckmischung und die Petersilie daraufgeben, dann die Eimischung, und sofort alles gründlich unterheben. Auf Tellern anrichten, mit dem Parmesan bestreuen und servieren.

Dieses erfolgreiche Rezept entstand nach der Einnahme Roms durch die Alliierten im Zweiten Weltkrieg. Die Proviantrationen der amerikanischen Soldaten enthielten Eipulver und Bacon, in Verbindung mit italienischer Kochkunst wurden mit diesen Zutaten die Spaghetti alla carbonara („nach Art des Köhlers") kreiert, vielleicht benannt nach einem römischen Restaurant namens „La Carbonara".

Die in Deutschland verbreitete Zubereitungsart mit gekochtem Schinken und Sahne entspricht nicht dem italienischen Originalrezept.

Klassik und Charisma – das Kapitol und seine Museen

Ich traue mich kaum, der Familie meinen Wunsch vorzutragen. Schließlich sind wir alle noch traumatisiert vom Gedränge in den Vatikanischen Museen. Wie kann ich es da wagen, nur zwei Tage später einen weiteren Museumsbesuch vorzuschlagen?

Am Vormittag haben wir das Forum Romanum und den Palatin besucht, um uns danach in Simonas kleinem Ristorante beim Mittagessen zu stärken. Vor uns liegt nun ein ganzer Nachmittag, aber gelaufen sind wir heute eigentlich schon genug. Überhaupt ist Rom keine Stadt für Fußkranke. In einer einzigen Woche sind wir 90 Kilometer zu Fuß gegangen und haben Höhen erklommen, die sich zu 198 Stockwerken summieren. Und das, obwohl wir zwischendurch immer wieder auf motorisierte Verkehrsmittel ausgewichen sind. Wichtigstes Utensil für Romreisende ist gutes und vor allen Dingen bequemes Schuhwerk. Und wenn Sie sich nun fragen, warum ich Streckenlänge und Etagenzahl unserer Romexkursion so genau beziffern kann, dann verweise ich auf die praktische App meines Smartphones, die das Mitzählen für mich übernimmt und dabei ganz nebenbei auch noch meinem sportlichen Ehrgeiz auf die Sprünge hilft.

Doch in den müden Gesichtern meiner Familienmitglieder glaube ich den Wunsch zu erkennen, am heutigen Nachmittag keine weiteren Kilometerrekorde aufzustellen. Deshalb fasse ich mir ein Herz. Gleich um die Ecke liegt der Kapitolshügel. Wie wäre es also, wenn wir den Kapitolinischen Museen einen Besuch abstatten würden? In ruhigem Tempo könnten wir dort ganz gelassen und entspannt durch die Ausstellungsräume schlendern.

Ich will schon ausholen und von den sagenhaften Exponaten schwärmen, dem Dornauszieher und dem Sterbenden Gallier, der Kapitolinischen Wölfin und dem Original des Mark-Aurel-Reiterstandbildes, doch der befürchtete Widerstand bleibt aus. Vielleicht sind alle zu erschöpft, um noch protestieren zu können, vielleicht aber hat sie auch das Rom-Fieber gepackt und sie spüren echtes Interesse. Ich bin mir eigentlich sicher, dass Letzteres zutrifft.

So machen wir uns nach einem köstlichen Artischockengericht auf den Weg und schreiten feierlich Michelangelos grandiose Freitreppe empor. Der Kapitolshügel stellte einst das spirituelle Zentrum von Rom dar. Hier befanden sich die wichtigsten Tempel, allen voran die „Kapitolinische Trias“, welche Juno und Minerva, hauptsächlich aber Jupiter geweiht war. In einem weiteren Tempel der Juno Moneta erfolgte die Prägung der römischen Münzen, außerdem gab es eine ganze Reihe kleinerer Heiligtümer und Tempel. Die sakrale Bedeutung des Kapitols war so groß, dass alle Triumphzüge dort hinführten. Hier brachte der Triumphator dann den Göttern zum feierlichen Abschluss des Spektakels ein Opfer dar. Auch der zeremonielle Amtsantritt der Konsuln fand auf dem Kapitolshügel statt. Legendär sind die kapitolinischen Gänse, die heiligen Gänse der Göttin Juno, die dort in deren Tempel gehalten wurden. Das aufgeregte Geschnatter des Federviehs warnte die Römer 387 v. Chr. vor einem Überfall durch die Gallier, die sich heimlich bei Nacht angeschlichen hatten. Doch dank des

Gänsealarms gelang es den Römern, die hinterlistigen Angreifer abzuwehren.

Und schließlich befindet sich an der Südseite des kapitolinischen Hügels der Tarpejische Felsen, der jahrhundertelang als Hinrichtungsstätte diente. Römer, die des Verrats, Meineids oder Inzests überführt waren, sowie abtrünnige oder verräterische Sklaven stieß man über diesen Felsen in den Tod hinab.

In der beginnenden Neuzeit erfuhr der Kapitolshügel dann eine grundlegende Umgestaltung. Die Senke zwischen seinen beiden Gipfeln wurde zugeschüttet, um dort nach Michelangelos Entwurf einen repräsentativen Platz anzulegen. Gerahmt ist dieser an der Stirnseite vom römischen Rathaus, dem Senatorenpalast. An seinem nördlichen Rand erhebt sich der Palazzo Nuovo und im Süden der Konservatorenpalast. Diese beiden einander ganz ähnlichen Renaissancepaläste sorgen für ein symmetrisches Gesamtbild des Gebäudeensembles. Michelangelo ließ die beiden trapezförmig ausrichten, sodass der Platz optisch vergrößert und dadurch noch imposanter wirkt.

Hinauf gelangt man über die Cordonata, die schon erwähnte großzügige Freitreppe. Michelangelo plante sie mit so geringer Steigung, dass man auch zu Pferd hinaufgelangen konnte. Im unteren Bereich ist sie von zwei Löwen aus schwarzem Granit gerahmt, die sich schon seit der Antike am Fuß des Kapitols befinden. Damals schmückten die beiden das Ende eines Aquädukts und dienten als Wasserspeier.

Am oberen Ende der Treppe stehen die imposanten Statuen der Dioskuren Kastor und Pollux, jeweils ein Pferd am Zügel haltend. Die beiden mythologischen Söhne des Göttervaters Zeus sollen in inniger Bruderliebe miteinander verbunden gewesen sein. Deshalb hätte es ihnen bestimmt gefallen, dass sie nun gemeinsam den Zugang zu einem der schönsten Plätze von Rom bewachen und dabei den erhabenen Blick über die Dächer der Stadt genießen dürfen. Sie lassen sich in ihrer Würde weder davon beirren, dass ihre Pferdchen ein wenig zu klein geraten scheinen, noch davon, dass heute ohne Unterlass ein bunter Reigen von Touristen aus aller Welt an ihnen vorbeiflaniert. Denn auf der rückwärtigen Seite des Kapitols, hinter dem Senatorenpalast, erwartet sie einer der schönsten und fotogensten Blicke über das dahinterliegende Forum Romanum.

Mitten auf dem Kapitolsplatz ragt sein herrlichstes Schmuckstück empor: das bronzene Reiterstandbild des Kaisers Mark Aurel. Gab es einst überall im Imperium Romanum solch beeindruckende bronzene Reiter, so hat kein einziger davon den Zusammenbruch des Reichs überdauert – bis auf das Bildnis des Mark Aurel. Das verdankt der auch als „Philosphenkaiser" titulierte Imperator, der im 2. Jahrhundert herrschte, einer schlichten Verwechslung. Denn im Mittelalter hielt man sein Reiterdenkmal für das des Kaisers Konstantin, des ersten römischen Herrschers, der das Christentum protegierte. Deshalb entgingen Mark Aurel und sein Ross der sonst üblichen Einschmelzung – Bronze war schließlich ein gefragtes Material, eine Tatsache, die den meisten anderen antiken Bronzen den Garaus machte.

Erst im 15. Jahrhundert kam der Irrtum ans Licht. Da überwog aber bereits eine weitverbreitete Verehrung für die Antike, die große Leidenschaft der Renaissancemenschen, und so billigte man dem alten Mark Aurel einen Ehrenplatz auf dem Kapitol zu. Dort stand er, bis 1979 ein Bombenanschlag auf das römische Rathaus verübt wurde. Auch Mark Aurel erlitt dabei Blessuren, und als er repariert werden sollte, stellte man fest, dass dem gesamten Standbild inzwischen starker Bronzefraß zu schaffen machte. Das ist ein Verwitterungsprozess, ausgelöst durch Schwebteilchen in der Luft, die sich auf der Oberfläche der Bronze absetzen und in Zusammenwirkung mit Regen und Feuchtigkeit chemische Prozesse auslösen, die das Material allmählich zerstören. Die zunehmende Belastung der Luft durch Abgase und andere Emissionen beschleunigt diese Vorgänge seit dem letzten Jahrhundert rasant. Man entschloss sich deshalb dazu, das kostbare antike Reiterdenkmal vom Kapitolsplatz zu entfernen und durch eine Kopie zu ersetzen. Das Original wanderte an eine geschützte Stelle im überdachten Hof des Konservatorenpalasts, der zu den Kapitolinischen Museen gehört. Also nichts wie dort hinein!

Waren die Museen auf dem Kapitol in meiner Kindheit noch voneinander getrennt, so hat man inzwischen die Gänge in ihren Kellergeschossen restauriert und die Ausstellungsräume auf diese Art geschickt miteinander verbunden. Das Interieur ist gleichzeitig behutsam modernisiert worden und präsentiert sich nun auf äußerst gelungene Art in einer Kombination aus zeitgemäßer Frische und ehrwürdigem historischen Gewand.

Ihre Gründung verdanken die Kapitolinischen Museen den Päpsten Sixtus IV. und Pius V. Zu deren Zeit, dem 15. und 16. Jahrhundert, fand nach und nach der Umzug des Heiligen Stuhls vom Lateran auf den vatikanischen Hügel statt. Das war natürlich ein gewaltiges Unterfangen, das sich über viele Jahrzehnte hinzog, je nach Fertigstellung neuer Bauten auf dem Vatikan und der Zeit, die zur Verfügung stand, um die uralten Lagerbestände und Schätze im Lateran zu sichten und zu sortieren. In diesen Sammlungen kamen zahllose antike Statuen zutage, was den beiden Päpsten aufs Äußerste missfiel. Schließlich handelte es sich um heidnische Plastiken, und die hatten nach ihrer Meinung im Vatikan nichts verloren. Die Päpste entledigten sich der Bildwerke elegant, indem sie diese der Stadt Rom zum Geschenk machten. Die Stadt hatte aber gerade die neuen Paläste auf dem Kapitol erbaut. Da bot es sich an, die leeren Räume mit den päpstlichen Geschenken zu füllen.

Welch ein Segen! Denn unter den zahllosen Büsten, Skulpturen und Götterstatuen befinden sich solch außergewöhnliche Schätze wie der „Dornauszieher", die Bronzefigur eines sitzenden Knaben, der sich einen Dorn aus der linken Fußsohle zieht. Lange hielt man den Dornauszieher der Kapitolinischen Museen für ein Original von Lysipp, dem Hofbildhauer Alexanders des Großen. Heute gilt er als eine nicht minder erstaunliche römische Kopie aus dem 1. vorchristlichen Jahrhundert.

Als deutlich älter schätzt man die Kapitolinische Wölfin ein, denn bei ihr soll es sich um eine etruskische Bronze aus dem 5. vorchristlichen Jahrhundert handeln. Ihr kommt besondere Bedeutung zu, gilt sie doch als Abbild der sagenhaften Wölfin, der Romulus und Remus einst ihre Rettung zu verdanken hatten. Somit ist sie ein Symbol der Stadt Rom. Unbestritten ist, dass die beiden Knaben, die sich unter der Kapitolinischen Wölfin deren nährenden Zitzen entgegenstrecken, erst zur Zeit der Renaissance hinzugefügt wurden.

Doch an der etruskischen Abstammung der Wölfin selbst wurden inzwischen Zweifel laut. Es scheint, dass sie mithilfe von Techniken hergestellt wurde, die erst seit dem Mittelalter bekannt sind. Demnach soll sie zwischen dem 9. und dem 13. Jahrhundert entstanden sein, doch unumstößliche Beweise dafür gibt es bisher nicht. Weil Cicero die auf dem Kapitol befindliche Statue einer Wölfin erwähnt, die 65 v. Chr. von einem Blitz getroffen wurde, sehen manche Forscher in der Kapitolinischen Wölfin ebenjene Bronzestatue, auch wenn sich die Spuren eines Blitzschlages nicht feststellen lassen. Papst Sixtus IV. vermachte das Tier der Stadt, weil auch er keine Zweifel an dessen heidnischer Herkunft hegte.

Die Kapitolinische Venus wurde erst im 17. Jahrhundert entdeckt und kann seitdem in einer lichten Rotunde der Museen bewundert werden. Sie ist die römische Kopie einer griechischen Marmorstatue, die als Darstellung einer idealschönen jungen Frau gilt. Und alle Frauen, die dem modernen Schlankheitsideal verzweifelt nachzueifern versuchen, mögen durch die Betrachtung der Kapitolinischen Venus ein wenig mehr Gelassenheit gewinnen. Denn diese erscheint aus heutiger Sicht als ein ganz schönes Pummelchen.

Nicht so hingegen die Venus vom Esquilin, eine Marmorstatue von geradezu berückender Schönheit, die 1874 auf dem Hügel Esquilin gefunden wurde. Zuletzt hatte ich diese Grazie 2006 im Hamburger Bucerius-Forum bestaunen können. Sie war dort hingereist, um als Star einer Kleopatra-Ausstellung aufzutreten, denn manche Wissenschaftler halten sie für nichts Geringeres als eine Darstellung der ägyptischen Königin und glauben, dass Julius Caesar das Werk fertigen und in seinem Garten aufstellen ließ.

Zu den berühmtesten Ausstellungsstücken der Kapitolinischen Museen gehört der Sterbende Gallier, die römische Marmorkopie einer altgriechischen Bronze. In erschütterndem Realismus zeigt sie einen tödlich verletzten keltischen Krieger. Mit letzter Kraft hält er sich eben noch sitzend aufrecht, doch schon ist sein Blick abwärts gewandt, dem nahenden Ende entgegen. Er ist besiegt, und doch umgibt ihn selbst im Todeskampf noch die Aura seiner kriegerischen Stärke und männlichen Energie. Diese heroische Art der Darstellung des Gegners ließ den errungenen Sieg noch deutlich strahlender erscheinen, als er es ohnehin schon war.

Welch ein Gegensatz zu den umschlungenen Körpern von Amor und Psyche vor einem der Fenster des gleichen Ausstellungsraums! Ihr zärtlicher Kuss bejaht das Leben, und ihre jugendlich biegsamen Körper wenden sich geschmeidig einander zu, während sie gemeinsam den rosa Wolken einer hoffnungsvollen Zukunft entgegengehen.

Während sich in den mit Mosaiken, Kassettendecken und Fresken prachtvoll ausgestatteten Räumen der Museen römische Büsten bis zum Abwinken aneinanderreihen, kann man in der Pinakothek Gemälde von Rubens, Tizian, Caravaggio und anderen Malern einer schwelgerischen Epoche bewundern. In einem der Innenhöfe ruht Marforio, die antike Statue eines Flussgottes. Zur Zeit der Renaissance diente er zusammen mit fünf anderen römischen Skulpturen als eine Art politische Litfaßsäule, denn an ihm wurden Zettel mit Spottversen befestigt, die Kritik am Gebaren der Herrschenden übten. Besonderen Ruhm genießen schließlich die Relikte der Kolossalstatue des Kaisers Konstantin, die im Innenhof des Konservatorenpalasts ausgestellt sind. Es gibt nur noch ein paar Fragmente von Armen und Brust, eine Hand, den Kopf sowie die Füße. Doch das reicht völlig, um uns zum Erstaunen zu bringen. Wenn diese Bruchstücke schon so groß sind, wie groß mag dann erst die vollständige Statue gewesen sein?

Voller Bewunderung bewegen wir uns von einem Exponat zum anderen und wir sind uns alle einig: Der Besuch der Kapitolinischen Museen ist ein besonderer Höhepunkt unserer Romreise und ein uneingeschränkter Genuss. Das liegt keinesfalls nur an der gelungenen Ausstellung und den beeindruckenden Kunstwerken, die es hier zu sehen gibt.

Nein, das Allerschönste an den Kapitolinischen Museen ist, dass außer uns nur ganz wenige Besucher hierhergefunden haben. Niemand drängelt, niemand schubst, stattdessen herrscht eine stille und erhabene Atmosphäre, geschaffen von klassischer Anmut und vollendeter Kunstfertigkeit. Ein Museum wie aus dem Bilderbuch. Ganz besonders nach allem, was ich zuvor erlebt habe, empfinde ich die Kapitolinischen Museen als puren Luxus.

Verzaubert und ergriffen von all der Schönheit und Bedeutsamkeit, die uns hier umgibt, gelangen wir endlich in die lichtdurchflutete Atriumhalle mit dem originalen Reiterstandbild des Mark Aurel. Majestätisch und souverän sitzt der Philosophenkaiser auf seinem edlen Ross und blickt über uns hinweg in die unbekannten Weiten einer geheimnisvollen Ewigkeit.

Supplì – frittierte Reisbällchen

Zutaten für 4 Personen:

250 g Risottoreis
125 g Mozzarella
100 g Paniermehl
1 Zwiebel
2 Eier
12 Basilikumblättchen
80 g geriebener Parmesan
50 g Butter
1 l Gemüsebrühe
reichlich Olivenöl zum Frittieren
Salz, Pfeffer

Zubereitung:

Die Zwiebel schälen und fein hacken. Die Butter in einem Topf schmelzen und die Zwiebeln darin glasig dünsten. Den Reis hinzugeben und 2 Minuten mitdünsten. Nun über einen Zeitraum von 20 Minuten nach und nach die Brühe hinzugießen und köcheln, dabei ständig rühren, bis der Reis außen weich, aber insgesamt noch bissfest ist.

Vom Herd nehmen, salzen, pfeffern, die verquirlten Eier und den Parmesan unterrühren und ganz abkühlen lassen. Dann 12 Kugeln daraus formen. Den Mozzarella in gleiche 12 Teile teilen und in jede Reiskugel ein Stück Mozzarella und 1 Basilikumblatt hineindrücken. Wieder zur Kugel schließen und in Paniermehl wälzen.

In einem großen Topf oder einer Fritteuse reichlich Olivenöl erhitzen und die Supplì darin frittieren, bis sie goldbraun sind. Auf Küchenkrepp abtropfen lassen und heiß servieren.

Dazu passen Tomatensauce und Weißbrot.

Kleine Ursache mit schlimmen Folgen – Rom zur Zeit des Mark Aurel

Der Partherkönig Vologaeses schmerzte wie ein Stachel im Fleisch des römischen Imperiums. Fast empfand Kaiser Mark Aurel im fernen Rom körperliche Pein, wenn der aufmüpfige Feind, der ein stolzes Reich auf dem Gebiet des heutigen Iran regierte, immer wieder die Grenzen verletzte. Und schließlich löschte der üble Kerl mit einem hinterlistigen Überfall auch noch ein ganzes Heer römischer Grenzsoldaten am Euphrat aus und verleibte seinem Partherreich danach die Provinz Armenien ein.

So konnte das nicht weitergehen. Deshalb schickte der Kaiser seinen Adoptivbruder und Mitregenten Lucius Verus im Jahr 162 auf eine Strafexpedition gegen die Parther ins Grenzland von Mesopotamien. Ein für alle Mal sollten die römischen Legionen diesen Vologaeses in seine Schranken verweisen und auf sein parthisches Gebiet zurückjagen.

Lucius Verus verfügte allerdings über keinerlei Erfahrungen als Kommandant. Tatsächlich legte er das genaue Gegenteil von militärischer Disziplin und vorbildhaftem Lebenswandel an den Tag. Denn Lucius Verus galt als rechter Hallodri. Stets hielten sich exaltierte Schauspieler und Musiker in seinem Dunstkreis auf. Ausschweifenden Partys und üppigen Banketten widmete er sich mit weit größerer Hingabe als den Pflichten, die ihm als Regent oblagen.

Trotzdem hatte Mark Aurel ihn zum Mitkaiser erhoben, als er selbst im Jahr 161 n. Chr. zum Imperator ausgerufen wurde. Eigentlich hätte nämlich Verus an der Spitze des römischen Reichs stehen sollen. So war es jedenfalls von Kaiser Hadrian geplant gewesen, dessen Nachfolger ursprünglich der Vater des Verus werden sollte. Leider starb dieser jedoch vor der Zeit, sodass Hadrian mit Antoninus Pius einen Ersatzmann wählen musste. Von Antoninus Pius ließ er dann den Knaben Verus adoptieren, um damit sicherzustellen, dass Verus dereinst die Nachfolge als Kaiser antreten würde. Doch der Adoptivvater wandte sich nach Hadrians Tod dem sympathischen Mark Aurel zu, adoptierte auch diesen und erkor ihn anstelle von Verus zu seinem Nachfolger. Um Verus' Groll über diese Schmach im Zaum zu halten, bestimmte Mark Aurel ihn zu seinem Regierungspartner, freilich mit nicht ganz so umfassenden Befugnissen.

Der leichtfüßige Lebenswandel des Lucius Verus verstörte Mark Aurel. Im Gegensatz zu seinem Adoptivbruder nahm er selbst die Regierungsgeschäfte äußerst ernst. Er war in den Genuss einer umfassenden Ausbildung gekommen, ganze 23 Jahre lang hatte er sich auf das Amt des Imperators vorbereitet. Mark Aurel verfügte über eine weit gefächerte Bildung, seine Intelligenz und Wissbegier ließen ihn die Kenntnisse seiner Zeit geradezu aufsaugen wie ein Schwamm. Darüber hinaus galt er als äußerst ernsthafter und wahrheitsliebender Ehrenmann. Schon Kaiser Hadrian hatte diese Eigenschaften in Mark Aurel erkannt, als dieser gerade erst acht Jahre zählte. Deshalb gab er dem Knaben den Spitznamen „Verissimus", Superlativ des Wortes „verus" – „wahr".

Seine ungewöhnliche Tiefsinnigkeit veranlasste Mark Aurel schon im Alter von zwölf Jahren dazu, sich der Philosophie zuzuwenden. Denn die griechische Schule der Stoa schien genau die Werte in sich zu vereinen, die seinem eigenen Wirklichkeitsempfinden entsprachen. Die Stoiker bemühten sich um ein ganzheitliches Verständnis des sie umgebenden Kosmos, um dadurch den eigenen Platz in der Weltordnung erkennen zu können. Oder, um es mit Mark Aurels eigenen Worten zu sagen: „Alles ist wie durch ein heiliges Band miteinander verflochten. Nahezu nichts ist sich fremd. Alles Geschaffene ist einander beigeordnet und zielt auf die Harmonie derselben Welt. Aus allem zusammengesetzt ist eine Welt vorhanden, ein Gott, alles durchdringend, ein Körperstoff, ein Gesetz, eine Vernunft, allen vernünftigen Wesen gemein, und eine Wahrheit." Gelassenheit, Selbstbeherrschung und das Streben nach Weisheit sind die stoischen Mittel, um die eigene Bestimmung innerhalb dieses Ganzen zu finden. Der Zwölfjährige warf sich den Philosophenmantel über und schlief fortan auf einem harten Brett.

Welch ein Gegensatz zu Lucius Verus! Kopfschüttelnd betrachtete Mark Aurel dessen von nächtlichen Gelagen und übermäßigem Weingenuss aufgedunsenes Gesicht, das Verus unter einem Vollbart zu verbergen suchte. Nachts streifte er mit seinen Schranzen inkognito durch die Gassen und trieb sich in Spelunken und Bordellen herum. Zirkusspielen und Wagenrennen galt seine Passion weit mehr als den lästigen Regierungsgeschäften. Doch es lag Mark Aurel fern, dem Adoptivbruder Vorhaltungen zu machen. „So oft du an der Unverschämtheit jemandes Anstoß nimmst, frage dich sogleich: Ist es auch möglich, dass es in der Welt keine unverschämten Leute gibt? Das ist nicht möglich. Verlange also nicht das Unmögliche", notierte der Stoiker und bemühte sich um Haltung.

Der Partherkönig Vologaeses gab nun den Anlass dazu, dass sich diese Lage schlagartig änderte. Die Grenzen des römischen Imperiums waren verletzt worden, ein Affront von solcher Ungeheuerlichkeit, dass unverzüglich drastische Gegenmaßnahmen ergriffen werden mussten. Und um herauszustreichen, wie ernsthaft und entschieden Roms Antwort auf die Übergriffe der Parther ausfiel, erschien es unabdingbar, dass eine hochgestellte Persönlichkeit das Kommando über die Strafexpedition führte. Mark Aurel selbst war in Rom unabkömmlich, also schickte er den zweiten Mann: Lucius Verus. Das würde es Mark Aurel außerdem für eine Weile ersparen, dessen Lotterleben mitansehen zu müssen. Vielleicht, so die unterschwellige Hoffnung des Kaisers, könnte der Feldzug seinen Adoptivbruder ja auch mäßigen und zu einem disziplinierteren Lebenswandel zwingen.

Die Rechnung des Mark Aurel ging jedoch nicht auf, auch wenn sich zunächst alles sehr günstig zu entwickeln schien. Lucius Verus machte sich zwar keine militärische Zucht zu eigen, vielmehr zeigte er sich auch während des Feldzugs unbeirrt als Lebemann und Partylöwe. Doch tat das seinem Erfolg keinen Abbruch. Er entpuppte sich nämlich als der geborene Befehlshaber, agierte klug, vorausschauend und vor allen Dingen auch schlau genug, um heikle operative Aufgaben an erfahrene Offiziere zu delegieren. Seine gute Laune wirkte darüber hinaus äußerst ansteckend, um die Moral der Truppe stand es ausgezeichnet. Wie ein Orkan fegten die römischen Legionen deshalb immer wieder über die zahlreichen Kampfverbände der Parther hinweg und schickten diese schließlich zurück in ihr angestammtes Land. Nach einem vierjährigen Feldzug schienen die Parther endgültig besiegt. Alles war ganz hervorragend gelaufen.

Doch dann begingen die Römer einen folgenschweren Fehler. Sie hatten gerade die Stadt Seleukia-Ktesiphon am Ufer des Tigris erobert und sich plündernd an deren Schätzen bereichert. Aber sie begnügten sich nicht damit, nein, in ihrem

Übermut drangen die Legionäre in den Apollotempel ein und zerbrachen dabei ein geweihtes Gefäß.

Wie konnten sie das nur tun? Wussten sie denn nicht, dass der Gott diesen Frevel nicht ungeahndet geschehen lassen würde?

Schon am Abend klagten die ersten Soldaten über Unwohlsein, bald folgten Fieber und starke Durchfälle. Mundhöhlen und Rachen der Männer entzündeten sich, und auf der Haut erblühten stark gerötete Pusteln. Nach wenigen Tagen starben die meisten. Was war geschehen?

Der unterlegene Vologaeses schien es zu wissen. Schnell ließ er verbreiten, dass dem heiligen Gefäß des Apollo gleich der Büchse der Pandora ein tödlicher Pesthauch entwichen sei. Dieser umhüllte die Soldaten wie ein heimtückischer Odem der Unterwelt und zog sie mit sich dort hinab. Ein klarer Fall, es handelte sich um nichts anderes als das selbstverschuldete Strafgericht des Apollo, das die Römer traf!

Ob Apollo seine Hände im Spiel hatte oder nicht – die Folgen sollten verheerend sein. Denn die Legionäre schleppten die mysteriöse Krankheit mit sich fort und verbreiteten sie auf diese Art im Reich. Von Mesopotamien gelangte sie schon bald über die heutige Türkei bis nach Griechenland. Nun zeigte sich die Schattenseite des perfekten Verkehrsnetzes der Römer, denn über die Fernstraßen ging es ziemlich rasch weiter, kreuz und quer durch das Reich. Ein Jahr später, 166 n. Chr., erreichte die Seuche Rom. Auf dem Seeweg sollte sie sich sogar bis nach Britannien ausdehnen. Ein Grabstein in Oberbayern bezeugt, dass sie dort im Jahr 182 eine ganze Familie dahinraffte.

24 Jahre lang tobte die oft tödlich verlaufende Krankheit im Römischen Reich. Zeitgenössische Geschichtsschreiber berichten von ganzen Dörfern, die entvölkert wurden, und

der Historiker Cassius Dio hat festgehalten, dass im Jahr 166 allein in der Hauptstadt 2.000 Tote zu beklagen gewesen seien – und zwar pro Tag. „Von der Grenze Persiens bis an den Rhein und Gallien war alles mit Leichen erfüllt", hielt sein Kollege Ammianus mit Entsetzen fest. Am Ende summierte sich die Zahl der Opfer auf geschätzte sieben bis zehn Millionen Menschen (bei einer Gesamtbevölkerungszahl von 60 bis 70 Millionen Menschen im Römischen Reich der damaligen Zeit). Die Pandemie ist unter dem Namen Antoninische Pest in die Geschichte eingegangen, benannt nach dem Sippennamen des Kaisers Mark Aurel, „Antoninus".

Schon die Zeitgenossen rätselten über die Ursache der Seuche und stellten Überlegungen an, wie man sie heilen und sich davor schützen könne. Vielleicht sei es verpestete Luft, meinte der Arzt Galenos und empfahl den vorbeugenden Aufenthalt in Lorbeerhainen. Er hegte aber Zweifel, ob die Ursache nicht eventuell auch angeboren sein könne. Die Patienten kämen unter Umständen mit einem Blatternstoff auf die Welt, den sie durch die Pusteln ausschwitzen müssten. Andererseits könnte ihr Blut auch durch das Fieber in Fäulnis geraten sein und müsse nun mithilfe der Pusteln aus dem Körper ausgeschieden werden. Jedenfalls empfahl der Arzt, die Haut der Kranken zu reizen und zu verletzen, um auf diese Weise möglichst viele Pusteln hervorzubringen. Denn einige wenige Pusteln würden für die Reinigung des Körpers nicht ausreichen, die Patienten müssten dann sterben. Seine Theorien sind aus heutiger Sicht natürlich unhaltbar. Aus seinen Schilderungen der Symptome schließt man aber, dass es sich bei der Antoninischen Pest um besonders aggressive Erreger der Pocken oder der Masern gehandelt haben könnte. Doch bis heute weiß man nicht, welches Virus wirklich für das Massensterben verantwortlich zeichnete.

Die Folgen waren beträchtlich. Sie führten dazu, dass der Sieg des Lucius Verus gegen die Parther nicht lange Bestand hatte. Denn die geschwächten römischen Legionen zogen sich schließlich vollständig aus Mesopotamien zurück. Auch in anderen Grenzgebieten zeigten sich die Folgen der Seuche, die vor allem unter den Legionären wütete. Es heißt, dass jeder dritte Legionär der Krankheit zum Opfer fiel.

Besonders im Bereich der mittleren Donau, den heutigen Gebieten von Mähren, Slowakei, Ungarn und Rumänien, konnten die römischen Truppen den einfallenden Germanen keinen ausreichenden Widerstand mehr leisten, was langjährige Grenzkriege nach sich zog. Aus Ägypten flohen die Menschen massenhaft vor der sich ausbreitenden Pandemie.

Mancherorts brach die Infrastruktur im Reich sogar komplett zusammen, doch überall verschlechterten sich die Versorgungslage und die wirtschaftliche Situation der Menschen. Die Antoninische Pest gilt als eine der Hauptursachen und als Wegbereiter für die Reichskrise, die Rom im 3. Jahrhundert erfassen sollte. Diese Epoche ist geprägt von ständigen Invasionen an den Grenzen des Imperiums, von großen wirtschaftlichen Problemen und den daraus resultierenden inneren Unruhen.

Lucius Verus aber infizierte sich nicht beim ersten Ausbruch der Seuche, damals im Jahr 165, als er die Parther besiegte. Er kehrte wohlbehalten nach Rom zurück und ließ sich mit einem Triumphzug gebührend feiern. Anschließend nahm er seinen altbekannten Lebensstil unbeirrt wieder auf. Doch schon bald darauf brachen die Unruhen an der Donaugrenze aus. Die Lage entwickelte schnell eine solche Brisanz, dass Mark Aurel ein persönliches Einschreiten für unabdingbar hielt. Beide Kaiser begaben sich nach Aquileia in Norditalien, um von dort aus den Krieg an der Donaugrenze zu leiten. In Aquileia überraschte sie aber ein erneuter Ausbruch der Antoninischen Pest. Sie machten sich schleunigst auf den Rückweg nach Rom, doch Verus erkrankte und wurde nach wenigen Tagen dahingerafft. Ob die Ursache seines Ablebens in der Seuche zu finden ist, weiß man nicht. Böse Zungen munkelten später, er sei einer Vergiftung zum Opfer gefallen, die seine Frau und seine Schwägerin mit Wissen des Mark Aurel angezettelt hätten. Aber derartige Gerüchte gehörten im alten Rom fast schon zur Tagesordnung.

Mark Aurel überlebte seinen Mitkaiser Verus um ganze elf Jahre. Er starb 180 n. Chr. während eines Feldzuges nahe der Donaugrenze, vermutlich im heutigen Wien. Es gilt als sehr wahrscheinlich, dass auch er der Antoninischen Pest zum Opfer fiel. Dafür sprechen seine letzten Worte, die er an seine wehklagenden Freunde gerichtet haben soll: „Was weint ihr um mich? Weint um die Pest und darum, dass alle sterben müssen!"

Die Asche des Mark Aurel wurde im Mausoleum des Hadrian beigesetzt, der heutigen Engelsburg. Zum Gedenken an den Philosophenkaiser errichtete der Senat von Rom auf dem Marsfeld die mit einem spiralförmigen Reliefband überzogene Mark-Aurel-Säule. Diese fast 40 Meter hohe Ehrensäule ist der des Trajan nachempfunden und kann noch heute auf der Piazza Colonna bewundert werden. Sie besteht aus Carraramarmor und ist innen hohl. Darin befindet sich eine Wendeltreppe, und im Mittelalter war es zeitweise so populär, dort hinaufzuklettern, dass die Eintrittsgelder ein Vermögen einbrachten. Heute ist das Erklimmen der Säule aus Sicherheitsgründen untersagt.

Mark Aurels Weisheit und die zahlreichen philosophischen Betrachtungen, die von ihm überliefert sind, haben ihm viel Hochachtung und große Verehrung eingetragen. Sein Ruhm wurde aber sicherlich auch dadurch vergrößert, dass durch ihn eine Epoche des Wohlstands und des inneren Friedens im Reich herrschte, die danach zu Ende ging. Der Historiker Cassius Dios hielt fest, dass nach dem Tod des Mark Aurel ein chaotisches Zeitalter von „Eisen und Rost" anbrach.

Und die Schuld an diesem allgemeinen Niedergang trug nichts anderes als ein mikroskopisch kleiner Krankheitserreger. Wie schlimm die Auswirkungen eines neu auftretenden Virus sein können, hat uns allen die Corona-Pandemie sehr drastisch vor Augen geführt. Wir selbst hatten das Glück, im Oktober 2020 zwischen all den Shutdowns eine Woche in Rom verbringen zu können. Ein einzigartiges Erlebnis, denn es gab kaum Touristen in der Stadt, Rom gehörte den Römern. Die Monumente und Sehenswürdigkeiten frei von Touristen, in den Vatikanischen Museen nur vereinzelte Besucher. So konnten wir sie also doch noch ausgiebig erkunden. Der Anblick der vereinsamten Engelsbrücke oder der leergefegten Spanischen Treppe verbreitete aber auch eine verstörende Endzeitstimmung. Umso schöner, wenn wir uns dort wieder alle gemeinsam begegnen!

Musulum – altrömischer Honigwein

Zutaten:

750 ml Weißwein
100 g flüssiger Honig
10 Pfefferkörner
1 Tl Lavendelblüten
1 Zweig Rosmarin
2 Safranfäden
5 Datteln

Zubereitung:

Die Datteln entkernen, die Kerne in einer Pfanne ohne Fett anrösten. Das Fruchtfleisch in 200 ml des Weins 30 Minuten lang einweichen, dann zusammen mit den Kernen und dem Honig aufkochen. Mit dem restlichen Wein aufschütten, erneut erhitzen, aber nicht mehr kochen lassen.

Nun alle übrigen Zutaten hinzugeben, abdecken und den Wein 3 Tage lang ziehen lassen. Anschließend durch ein Sieb abgießen und gekühlt genießen.

Die Päpstin und der sprechende Torso – Olimpia Maidalchini

In einer unscheinbaren Ecke der barocken Altstadt steht der Torso einer Skulpturengruppe vor einer Hauswand. Er ist stark beschädigt und lässt kaum noch erkennen, dass er wohl einst den König von Sparta darstellte, Menelaos, den Leichnam des Patroklos haltend, der soeben im Kampf um Troja gefallen ist. Achtlos gehen die meisten Menschen an dem Torso vorbei, gibt es doch in der Altstadt von Rom so viel Schöneres und Spektakuläreres anzusehen.

Doch halt, warum kleben Zettel am Sockel des Torsos? Er ist vielleicht keine herausragende Schönheit, aber muss man ihn deshalb verunstalten? Über und über ist sein Fuß mit Papier beklebt, ist das etwa Werbung? Ich beuge mich hinunter, um eine der Mitteilungen zu entziffern. Die Schrift ist klein, und ich muss mich anstrengen, um etwas erkennen zu können. Die Sätze sind auch noch in römischem Dialekt verfasst, deshalb habe ich Mühe, sie zu verstehen.

Kopfschüttelnd richte ich mich wieder auf und schaue fragend zu Simona, die mich begleitet. „Das ist Pasquino", klärt sie mich auf, „die sprechende Statue!"

Da erinnere ich mich an Marforio, den Flussgott aus den Kapitolinischen Museen. War es nicht so, dass dieser in früheren Zeiten als politische Litfaßsäule diente? „Richtig", bestätigt Simona meine Vermutung. „Auch dieser Pasquino hier war eine der sechs sprechenden Statuen von Rom, und heute ist er die einzige, die ihre Funktion noch erfüllt."

Der Torso der Skulpturengruppe wurde 1501 bei Bauarbeiten entdeckt. Der Grundstückseigner, ein Kardinal, erkannte gleich, dass es sich um ein antikes Stück handeln musste. Schließlich stellte das Auffinden solcher Relikte in Rom etwas ganz Alltägliches dar. Schön war er nicht, der Skulpturenrest, aber alt. Deshalb ließ der Kardinal das Gebilde vor seinem Palast aufstellen.

Es musste sich um eine der Skulpturen handeln, die zur Zierde des antiken Stadions dienten, welches sich früher an dieser Stelle befunden hatte. Schon Caesar ließ hier auf dem Marsfeld eine Sportstätte für Leichtathletik anlegen. Unter Kaiser Domitian wurde diese dann im Jahr 85 aufwendig zur Arena ausgebaut. Sie maß 106 x 275 Meter und fasste 30.000 Zuschauer. Diese konnten nun bequem bei den athletischen Wettkämpfen zusehen, die hier stattfanden. Es handelte sich um unblutige Spiele mit Disziplinen wie Wettlauf und Diskuswerfen, Weitsprung und Speerwurf. Höhepunkt dieser „Agon" genannten sportlichen Kämpfe war die Dichterkrönung, denn auch Vertreter der Musen und schönen Künste traten zum Wettbewerb an. Bis weit ins Mittelalter hinein wurde der Brauch des Dichtercontests im Stadion des Domitian fortgetragen, doch dann geriet er irgendwann in Vergessenheit. Die alten Tribünen dienten jetzt als Fundamente für neue Häuser. In der Wettkampfarena selbst fanden manchmal noch Pferderennen oder Tanzfeste statt, doch die meiste Zeit über lag sie verödet und verschmutzt zwischen den Gebäuden der Altstadt.

Das aber änderte sich mit dem ausgehenden 15. Jahrhundert. Auf päpstliche Anordnung hin wurde der städtische Markt vom Kapitol hierher verlegt, und das bunte Treiben der Händler mit ihren Obst- und Gemüsekarren, dem Federvieh, den Handwerksständen, Imbissöfen und Weinfässern verwandelte den Platz an regnerischen Tagen in eine wahre Schlammgrube. Es war höchste Zeit, etwas dagegen zu unternehmen. 1495 wurde der Platz gepflastert, und auch die umliegenden Bauten erfuhren in den nächsten Jahren Modernisierungen und Erweiterungen. Im Zuge dieser Arbeiten kam der Pasquino zu Tage und fand seinen Platz vor dem Kardinalspalast.

Es dauerte nicht lange, da klebte mit einem Mal ein Stück Papier am Sockel des Pasquino. Mit beißendem Spott nahm ein anonymer Dichter darauf Anstoß an Papst Alexander VI., der es gewagt hatte, dem Kirchenstaat seine uneheliche Tochter Lucrezia Borgia als stellvertretende Regentin während seiner Abwesenheit vor die Nase zu setzen. Ein ungeheuerlicher Vorgang, vereinte die Borgia als Kirchenchefin doch gleich drei absolute Tabus in ihrer Person: Sie war unehelich, sie war die Tochter eines Papstes, und, das Allerschlimmste, sie war eine Frau!

Das bedeutete den Anfang einer römischen Tradition, die gut 100 Jahre später ihren Höhepunkt erreichen sollte. Da wählte das Konklave Maffeo Barberini zum Papst, der den Namen Urban VIII. annahm. Wir haben schon davon gehört, dass er die bronzene Dachverkleidung aus der Vorhalle des Pantheons entfernen und einschmelzen ließ. Angesichts dieser Zerstörung schlug der Ärger unter der Bevölkerung hohe Wellen. Der Unmut machte sich in zahllosen Spottversen Luft und kam auch nicht zur Ruhe, als der Papst im September 1644 starb. Denn erneut tat sich Ungeheuerliches.

Durch die Gassen der Altstadt flanierte eine Frau, stolz und hoch erhobenen Hauptes. Jede Geste, jeder Blick und jede noch so feine Nuance ihrer Haltung machte unmissverständlich klar, dass sie sich als neue Herrin von Rom betrachtete. Ihre grimmige Mimik, die fast männlich herb wirkenden Züge und die imposante schwarze Kapuze, die ihr Gesicht wie die gespannten Flügel eines Raubvogels umkränzte, taten dazu ein Übriges. Sie war Olimpia Maidalchini-Pamphilj, und sie sollte Rom für immer ihren Stempel aufdrücken.

Als junges Mädchen hatte Olimpia eigentlich in einen Konvent eintreten sollen. Sie war die Tochter einer adeligen Familie aus Viterbo. Ihre Eltern gaben sie früh in die Obhut von Nonnen, damit sie erzogen werden sollte. Sie erhielt keine höhere Bildung, denn ihr Lebensweg als bescheidene Ordensschwester schien von Anfang an vorgezeichnet. Olimpia aber hasste die Enge und die Konventionen des Klosterbetriebes. Verzweifelt sann sie nach einem Ausweg, um ihrem Schicksal zu entgehen. Da kam es ihr gelegen, dass einer der Brüder des angeschlossenen Männerkonvents Gefallen an ihr fand. Sie bezichtigte ihn eines unangemessenen Verhaltens, heute würde man wohl von sexueller Belästigung sprechen. Der Aufruhr war groß, und im Zuge der allgemeinen Empörung gelang es Olimpia, ihre Eltern vom notwendigen Austritt aus dem Klosterleben zu überzeugen. Statt das Dasein einer Nonne zu fristen, vermählte sie sich mit einem äußerst wohlhabenden Mann. Doch nur drei Jahre später schied der Gatte dahin, Olimpia blieb als schwerreiche Witwe zurück. Sie war gerade 20 Jahre alt geworden.

Nur ein Jahr später, 1612, heiratete sie erneut. Ihren Gatten wählte sie allerdings auch dieses Mal mit äußerstem Bedacht. Hatte die erste Ehe sie zu einer vermögenden Frau gemacht, so trachtete sie mit ihrer zweiten Heirat nach der Macht. Ihre Wahl fiel auf den 53-jährigen Römer Pamphilio Pamphilj, und es fiel ihr nicht schwer, diesen zu erobern. Denn sie stellte ja nicht nur eine bemerkenswert gute Partie dar, darüber hinaus war sie auch noch mehr als drei Jahrzehnte jünger als der Bräutigam.

Warum sie sich ausgerechnet diesen älteren Herrn erkor, ist im Nachhinein leicht zu durchschauen. Er gehörte einer ursprünglich aus Umbrien stammenden Aristokratenfamilie an, die sich neuerdings zu den führenden Adelshäusern von Rom zählen durfte. Denn einer aus ihren Reihen war jüngst zum Kardinal gekürt worden. Und auch der jüngere Bruder des erwählten Ehemanns stand bereits an aussichtsreicher Position auf den Sprossen der vatikanischen Karriereleiter.

Auf diesen Mann, ihren Schwager Giovanni Battista Pamphilj, richtete Olimpia ihr Augenmerk. Sie setzte Charme, strategisches Geschick und kluge Taktik, vor allem aber ihren ungeheuren Reichtum ein, um seine Karriere zu fördern, wo es nur möglich war. Während der nächsten Jahrzehnte zog sie nicht nur drei Kinder groß, sie wurde vor allem so etwas wie die graue Eminenz ihres Schwagers, die stets im Hintergrund wirkte, dabei jedoch unbeirrt die Weichen stellte. Jedenfalls so lange, bis ihr Ziel endlich erreicht war: 1644 starb Papst Urban VIII., Giovanni Battista trat die Nachfolge an. Er nannte sich fortan Innozenz X. Und Olimpia stieg damit zur Schwägerin des Papstes auf!

Ihr Ehemann hatte bereits fünf Jahre zuvor das Zeitliche gesegnet. Das ebnete den Weg für Olimpia, sich nun mit ganzer Hingabe ihren eigenen Vorhaben zu widmen. Ihren Schwager konnte sie mit Leichtigkeit um den kleinen Finger wickeln, schließlich verfügte sie über die Übung vieler Jahre. So bestimmte sie von nun an die Politik des neuen Papstes.

Ihr enormer Einfluss konnte schon bald nicht mehr übersehen werden. Wer irgendein Ziel erreichen wollte, der musste sich Olimpia gewogen machen, und ihre Gunst gewann man am leichtesten durch großzügige Geschenke. Denn Olimpia hungerte nicht nur nach Macht, auch materielle Dinge lagen ihr sehr am Herzen. Es heißt, dass sie zwecks Mehrung ihres

Reichtums vor schnöder Vorteilnahme, vor Steuerhinterziehung und Unterschlagungen keineswegs zurückschreckte. Weil sie zudem ihrer äußeren Erscheinung viel Aufmerksamkeit widmete und sich auffällig und kostspielig kleidete, bot sie die ideale Angriffsfläche für den Spott an den sprechenden Statuen, insbesondere am oben erwähnten Pasquino. Denn ganz in dessen Nähe hatte Olimpia sich ihre neue Wohnstätte erbauen lassen, den Palazzo Pamphilj.

Wer in Rom etwas bewirken wolle, müsse nur der „Päpstin" ein üppiges Geschenk machen, hieß es in den Schmähschriften. „Olim Pia" nannten sie die Verfasser der Verse, „ehemals Fromme". Und andere bezeichneten sie als „la Pimpaccia di Piazza Navona" – „die Aufgetakelte von der Piazza Navona".

Denn genau dort stand Olimpias Palast. „Piazza Navona" nannten die Römer den Marktplatz, der aus dem alten Stadion des Domitian hervorgegangen war. Einst fand da der „Agon" statt – der sportliche Wettkampf –, und die Zeit formte aus „in Agone" über „'n A'one" allmählich das Wort „Navona". Diesen großen freien Platz vor ihrer Haustür wollte sich Olimpia Maidalchini als nächstes vornehmen. Die schlichte und beinahe schmucklose Piazza Navona schrie ja geradezu nach einer repräsentativen Neugestaltung!

Olimpia Maidalchini wäre kein Barockmensch gewesen, wenn sie nicht alles Schöne und Prachtvolle geschätzt und verehrt hätte. Unter den Künstlern ihrer Zeit war ihr längst Giovanni Lorenzo Bernini ins Auge gefallen, jener begnadete Baumeister, der unter Papst Urban VIII. den Baldachin über dem Petrusgrab im Petersdom erschaffen hatte und fortan als Haus- und Hofarchitekt von insgesamt acht Päpsten zum maßgeblichen Mitgestalter des barocken Roms werden sollte.

Aber Olimpia beauftragte Bernini zunächst nicht. Sie stellte sich die neugestaltete Piazza Navona wie ein antikes Forum vor. Als „Forum Pamphilj" sollte es ihren Namen in die Nachwelt tragen, wie die antiken Kaiserforen es mit den Namen der Imperatoren getan hatten.

Den Auftrag dazu würde sie allerdings nicht einfach so vergeben. Ganz modern startete sie erst einmal eine Ausschreibung. Die Künstler der Stadt machten sich flugs an die Arbeit und legten schon bald ihre Entwürfe vor. Einzig Bernini durchschaute Olimpia Maidalchini. Er schenkte ihr ein fein gearbeitetes Brunnenmodell aus schwerem Silber und erhielt damit den Zuschlag. Natürlich im Namen des Papstes, der auch die erforderlichen Gelder lockermachte.

Zunächst musste die Wasserleitung verlängert werden, die Agrippa einst zur Versorgung seiner Thermen auf das Marsfeld hatte führen lassen. Dieses antike Aquädukt versorgt bis zum heutigen Tag den Barcaccia-Brunnen auf der Piazza di Spagna und die antiken Badewannen der Brunnen auf der Piazza Farnese. Bis zur Renovierung 2014 speiste es sogar auch den Trevi-Brunnen. Und außerdem wässert es seit 1649 den Vierströmebrunnen auf der Piazza Navona, den Olimpia Maidalchini bei Meister Bernini in Auftrag gab. Die beiden älteren Brunnen im Norden und im Süden, die sich schon auf der Piazza Navona befanden, ließ sie von Bernini umgestalten, sodass sie optisch zu der neuen Prachtfontäne passen würden.

Dank Olimpia Maidalchinis Tatendrang entstanden außerdem zahlreiche barocke Paläste und Monumente in Rom. Doch auch ihre Heimatstadt Viterbo vergaß sie nicht. Sie ließ sich vom Papst ein dortiges Lehnsgut schenken und errichtete darauf eine Modellsiedlung aus Reihenhäuschen, die an die Augsburger Fuggerei erinnern. Hier ließ sie junge Familien ansiedeln, andere Häuser stellte sie verdienten Angestellten zur Verfügung.

Olimpias Stern sank erst mit dem Tod von Papst Innozenz im Januar 1655. Allen Ernstes weigerte sie sich, für die Begräbniskosten ihres Schwagers aufzukommen, indem sie sich als mittellose Witwe darstellte. Der neue Papst wandte sich mit Empörung ab und schickte Olimpia in die Verbannung nach Viterbo, wo sie knapp drei Jahre später im Alter von 66 Jahren an der Pest starb. Sie hinterließ ein immenses Erbe. Ihr sorgsam geplanter ruhmreicher Einzug in die Geschichte schlug allerdings fehl, denn nur die Wenigsten erinnern sich an ihren Namen. Und doch hat Olimpia Maidalchini das Erscheinungsbild von Rom ganz maßgeblich mitgestaltet.

Niemand klebt mehr Zettel an den Pasquino, um sich über „die Aufgeputzte von der Piazza Navona" lustig zu machen. Überhaupt wurde es irgendwann recht still um die sprechende Statue. Erst als Hitler 1938 nach Rom kam, um seinem Faschistenkollegen Mussolini einen Besuch abzustatten, konnte man wieder neue Protestnoten am Sockel des Pasquino entdecken. Und seit damals schweigt er nicht mehr. Die desolate Lage des italienischen Staates, Irrungen und Wirrungen seiner Bürokratie, Politiker wie Silvio Berlusconi und andere Populisten, die in seine Fußstapfen treten, all das sorgt dafür, dass es auch heute so schnell nicht mehr still um den Pasquino wird. Um das gute Stück zu schonen, das 2010 restauriert wurde, steht inzwischen gleich daneben eine Acryltafel, die mit den Zetteln beklebt werden kann.

Torta di Fragole – Erdbeertorte

Zutaten:

300 g Amaretti
100 g gemahlene Mandeln
300 g Ricotta
250 g Mascarpone
250 ml Sahne
600 g Erdbeeren
150 g Butter
2 Pck. Vanillezucker
40 cl Amaretto
Butter zum Einfetten

Zubereitung:

250 g Amaretti im Mixer zerkleinern und in eine Schüssel füllen. Die Butter schmelzen, hinzugeben und gut vermischen, dann den mit Butter eingefetteten Boden einer Springform mit der Masse bedecken.

Mascarpone, Ricotta und Amaretto mit dem Vanillezucker gut zu einer glatten Masse verrühren. Die Sahne steif schlagen und vorsichtig unterheben. Nun auf dem Amaretti-Boden verteilen und mit den gemahlenen Mandeln bestreuen. Die Erdbeeren waschen und putzen, 4 davon beiseitelegen, den Rest vierteln und auf den Mandeln verteilen. Die restliche Sahne-Mascarpone-Ricotta-Mischung darauf verteilen und die Oberfläche glattstreichen.

3 Stunden lang im Kühlschrank durchziehen lassen. Dann die restlichen Erdbeeren in Scheiben schneiden und in die Mitte der Torte dekorieren, die restlichen Amaretti ringsum am Rand verteilen. Den Ring der Springform vorsichtig mithilfe eines angefeuchteten Messers lösen.

Die Strahlen des Sonnengottes – Rom, Stadt der Obelisken

Zufrieden betrachtete Bernini den Vierströmebrunnen, dessen Skulpturen er in seiner Werkstatt fertiggestellt hatte und den er alsbald auf der Piazza Navona aufstellen würde. Welch ein wunderbares, harmonisches Gesamtbild! Die kraftvollen Männergestalten, durch welche die vier Ströme Donau, Ganges, Nil und Rio de la Plata dargestellt sind, räkelten sich so lebensnah zwischen den plätschernden Fontänen, als würden sie sich im nächsten Moment erheben und daraus hervortreten wollen. Eine majestätische Plastik, die den Herrschaftsanspruch des Papstes und damit der katholischen Kirche über die ganze Welt symbolisiert. Denn die Donau steht für Europa, der Ganges repräsentiert Asien, der Nil fungiert als Symbol für Afrika und der Rio de la Plata für die beiden Teile des amerikanischen Kontinents. Damit vertritt jeweils ein markanter Fluss jeden der damals bekannten vier Erdteile.

Doch dann runzelte der Baumeister die Stirn. Irgendetwas fehlte da noch. Ein Tüpfelchen auf dem i, das die Autorität und Macht mit deutlicher Mahnung versinnbildlichen und unumstößlich klarstellen würde. Und was taten die Päpste seit einiger Zeit gerne, um ein solch demonstratives Zeichen ihrer Erhabenheit zu setzen? Sie ließen die alten Obelisken aufrichten, die im Mittelalter als heidnische Götzenbilder verachtet, umgestoßen und teilweise schwer beschädigt oder als Baumaterial missbraucht worden waren. Erst seit der Renaissance besannen sich die Päpste dieser Meisterwerke uralter Steinmetzkunst. Ein bisschen Weihwasser, ein paar Gebete und eine kleine Zeremonie, und schon war aus dem Heidenstein ein Symbol der christlichen Vormachtstellung geworden.

Den Anfang hatte Papst Sixtus V. im Jahr 1586 gemacht. Auf dem Vatikanhügel befand sich gerade mit dem Petersdom die größte und wichtigste Kirche der Christenheit im Bau. Niemand sollte mehr übersehen können, dass sich hier nichts Geringeres als das Zentrum der spirituellen Welt befand. Eine gottgewollte Gewalt, einzigartig auf der ganzen Erde!

Deshalb erteilte der Papst Befehl, den 25 Meter hohen Obelisken herbeizuschaffen, der einst von Caligula aus Alexandria geholt und im Zirkus auf dem vatikanischen Feld aufgestellt worden war. Mehr als 300 Tonnen brachte dieser gewaltige Stein auf die Waage, ihn zum Petersplatz zu transportieren und dort aufzurichten stellte wahrlich keinen Pappenstiel dar. Es heißt, dass der mit dem Unterfangen betraute Architekt nicht nur 150 Pferde einsetzen musste, sondern auch 47 Seilwinden und sage und schreibe 900 Männer. Zum Aufstellen des Monstrums wurde eigens ein gigantisches hölzernes Gerüst auf dem Petersplatz erbaut. Bei der Ausrichtung orientierte man sich an der Längsachse des Petersdoms, der ab 1506 entstand und bis zu dessen Fertigstellung im Jahr 1626 noch 40 Jahre vergehen sollten. Die Kolonaden gab es zu diesem Zeitpunkt noch nicht, überhaupt lag die Planung des gesamten Petersplatzes durch Bernini noch in der Zukunft. Dieses Projekt sollte erst 70 Jahre nach Aufrichtung des Obelisken in Angriff genommen werden. Papst Alexander VII. würde den Auftrag dazu 1656 erteilen, beeindruckt von den baulichen Meisterleistungen, die Bernini unter seinem Vorgänger vollbracht hatte. Und Bernini würde den Obelisken geschickt in Szene setzen, indem er ihn mit einem trapezförmigen Platz umgab. Diese Form flunkerte optisch eine weitaus größere Ferne vor, als sie tatsächlich existierte, und ließ den Petersdom damit noch gewaltiger erscheinen, als er es ohnehin schon war.

Der riesige Obelisk vor dem Petersdom, das musste Bernini unumwunden zugeben, stellte ein Symbol von unvergleichbarer Kraft dar. Genau so etwas fehlte seinem Vierströmebrunnen. Deshalb ließ er aus einem früheren Isis-Tempel, der sich in der Nähe des Pantheons befunden hatte, den dort herumliegenden 16,55 Meter hohen Obelisken herbeibringen und als Mittelpunkt seines auf der Piazza Navona konzipierten Brunnens errichten. Es handelte sich um einen der altrömischen Obelisken, der noch keine neue Verwendung gefunden hatte. Inzwischen waren die Päpste nämlich dazu übergegangen, die Obelisken an wichtigen Plätzen aufstellen zu lassen. Auf diese Art sollten sie den nach Rom kommenden ortsunkundigen Pilgern bei der Orientierung helfen. Die Umwidmung der heidnischen Stele zum christlichen Symbol unterstrich man dabei, indem ein Kreuz auf der Spitze montiert wurde. Bernini jedoch entschied sich anders: Der Obelisk auf der Piazza Navona erhielt eine krönende Taube mit Ölzweig im Schnabel, das Wappensymbol der Familie Pamphilj. Schließlich war der Platz ja von Olimpia Maidalchini als Pamphilj-Forum gedacht.

Wenngleich er rund achteinhalb Meter weniger als der Vatikanische Obelisk maß, so stellte doch auch die Aufrichtung dieser aus einem einzigen Block geschnittenen Stele eine technische Meisterleistung dar. Wie um alles in der Welt hatten die Römer der Antike es fertiggebracht, diese monströsen Monolithen aus Ägypten herbeizuschaffen und in Rom aufzustellen? Und warum unterzogen sie sich einer solchen Tortur?

Als „Tehen“ bezeichneten die alten Ägypter ihre überdimensionalen Steinpfeile. Der heute gebräuchliche Name „Obelisk“ stammt aus dem Griechischen und heißt übersetzt nichts anderes als „Bratspieß“. Die meist pyramidenförmig zulaufenden, viereckigen und sich nach oben hin verjüngenden Stelen dienten als sinnbildliche Darstellung der Sonnenstrahlen und schufen eine Verbindung zwischen den Menschen und der himmlischen Götterwelt. Um das zu unterstreichen, haben die Ägypter die Spitze der Obelisken vergoldet, sodass sich der Glanz der Sonne in ihr widerspiegelte. Der Verlauf des Schattens der riesenhaften Steinnadel während des Tages galt als Abbild der Bahn des Sonnengottes Re auf seiner Barke. Weil von der geordneten Regelmäßigkeit dieser Sonnenbahn letztlich die Existenz der ganzen Welt abhängt, genoss Re mitsamt seiner Barke und deren Bahn eine herausragende Stellung in der altägyptischen Mystik. Entsprechende Bedeutung maß man den Obelisken bei. Ihre Aufrichtung stellte einen immens wichtigen Akt im Rahmen religiöser Riten dar. Obelisken waren weit verbreitet und wurden hoch verehrt.

Kein Wunder also, dass die Römer nach der Unterwerfung Ägyptens auf die Idee kamen, ein paar Obelisken als Souvenir mit in die Heimat zu nehmen und dort als schmucke Siegestrophäen aufzubauen. Doch wie soll man denn Mitbringsel über das Mittelmeer transportieren, die 300 Tonnen oder mehr wiegen?

Die Ägypter schlugen ihre Obelisken aus Rosengranit in einem Steinbruch bei Assuan. Vor Ort schnitten sie die Steinnadel in der vorgesehenen Länge aus dem Fels und behauten sie auch gleich zu ihrer fertigen Form, um das Gewicht für den bevorstehenden Transport möglichst gering zu machen. Auf Kufen ging es dann zum Nil, gezogen von mehreren Hundertschaften von Männern. Von dort aus wurde die Reise mit einem Spezialfrachter fortgesetzt, der aus zwei großen Barken bestand, die über Stege miteinander verbunden waren. Zwischen den beiden Schiffen befestigte man den Obelisken über dem Wasser hängend. So wurde er dann bis zum vorgesehenen Aufstellungsort verfrachtet. Die Aufrichtung erfolgte mithilfe einer ausgeklügelten Technik aus Sandaufschüttung, Montagemauern und Hebelkraft.

Diese Techniken schauten die Römer sich bei den Ägyptern ab. Sie konnten das Fachwissen gut gebrauchen, denn schließlich nutzten sie ja den ägyptischen Steinbruch Mons Claudianus, von dem wir bereits gehört haben. Aufwendige Schwertransporte waren also immer wieder erforderlich. Deshalb konstruierten die Römer einen verstärkten Spezialfrachter, um die Gesteinsgiganten über das Mittelmeer weitertransportieren zu können. Es heißt, dass dieses Schiff erstaunlicher gewesen sei als alles, was man bisher auf dem Wasser zur Gesicht bekommen hatte.

Die enorme Anstrengung nahm man jedoch gerne in Kauf. Denn nach der Eroberung Ägyptens unter Kaiser Augustus kamen die exotischen Besonderheiten dieses Landes in Rom sehr bald groß in Mode. Die Römer staunten über die orientalischen Mysterien und gingen in ihrer Bewunderung so weit, dass Augustus sich genötigt sah, die Errichtung von Tempeln zu Ehren ägyptischer Götter innerhalb der Stadt zu untersagen. Trotzdem blühte insbesondere der geheimnisvolle Isiskult im Verborgenen weiter, bis Caligula schließlich Jahre später ganz offiziell einen Isis-Tempel auf dem Marsfeld erbauen ließ.

Auch über die Geschichten von den Pyramiden staunten die Römer nicht schlecht, besonders, nachdem der Tribun Gaius Cestius Epulo 12 v. Chr. sein pyramidenförmiges Grabmal an der zum Hafen von Ostia führenden Ausfallstraße errichtet hatte. Alles Ägyptische war nun absolut en vogue, und weil man die echten Pyramiden schlecht nach Rom versetzen konnte, holte man eben die deutlich kleineren Obelisken an den Tiber. Die beiden ersten wurden im Jahr 10 v. Chr. aus Heliopolis herbeitransportiert. Einer der beiden diente als Wendemarke im Circus Maximus, dem mit 600 Metern Länge größten Zirkus der antiken Hauptstadt, Schauplatz halsbrecherischer Wagenrennen vor bis zu 250.000 Zuschauern. Der andere wurde als Zeiger einer monumentalen Sonnenuhr auf dem Marsfeld aufgestellt.

Von den 13 altägyptischen Originalen, die auf diese Weise nach Rom gelangten, sind noch acht erhalten. Der mächtigste davon ist der Lateranische Obelisk, der stolze 32 Höhenmeter misst und sagenhafte 460 Tonnen wiegt. Er erhob sich einst beim Tempel des Amun in Theben und kam im vierten Jahrhundert auf einem von 300 Männern geruderten Riesenschiff nach Rom. Hier zierte auch er den Circus Maximus, bis ein Erdbeben ihn eines Tages zu Fall brachte. Der Monolith zerbrach in mehrere Teile und blieb viele Jahrhunderte lang unbeachtet liegen. Papst Sixtus V., der mit dem Vatikanischen Obelisken sein Faible für die altägyptischen Stelen entdeckt hatte, ließ ihn 1588 ausgraben, wieder zusammensetzen und vor dem Lateran aufstellen. Schließlich verfügte sein Baumeister ja seit der erfolgreichen Errichtung des Vatikanischen Obelisken über das erforderliche Knowhow.

Die anderen sechs ägyptischen Originale stehen auf der Piazza del Popolo, auf der Piazza di Monte Citorio, vor dem Pantheon, in einem kleinen Park beim Bahnhof Stazione Termini und in der Parkanlage Villa Celimontana. Der kleinste von allen fand Platz auf dem Rücken eines von Gian Lorenzo Bernini geschaffenen Elefanten. Diese außergewöhnliche Skulptur befindet sich auf der Piazza della Minerva südöstlich hinter dem Pantheon.

Natürlich ist es leichter, Obelisken im eigenen Land herzustellen und die logistischen Aufwendungen damit deutlich zu verringern. Deshalb haben die alten Römer der Einfachheit halber auch zahlreiche Kopien angefertigt, von denen noch fünf erhalten sind. Zu diesen antiken Kopien gehört der von Bernini verwendete Obelisk auf der Piazza Navona genauso wie derjenige vor der Kirche Santa Trinità dei Monti oberhalb der Spanischen Treppe. Die anderen stehen auf dem Monte Pincio, vor dem Quirinalspalast und hinter der Kirche Santa Maria Maggiore.

Nach den Römern der Antike und den Päpsten der Epochen von Renaissance und Barock war der Diktator Benito Mussolini der nächste in der Reihe der Obelisken-Fans. In seinem Größenwahn erklärte er 1935 dem ostafrikanischen Kaiserreich Abessinien den Krieg, um dessen Territorium den italienischen Kolonien in Afrika einzuverleiben. Im Zuge der Besetzung Abessiniens ließ er dort einen weiteren Obelisken entwenden und nach Rom schaffen. Das Alter dieses Monolithen lässt sich nicht exakt bestimmen, doch stammt er aus einem der ersten Jahrhunderte unserer Zeitrechnung. Nachdem das von den Faschisten befreite Italien jahrzehntelang Wiedergutmachung versprochen hatte, fand dieser Obelisk im Jahr 2005 tatsächlich endlich den Rückweg in seine Heimat, das heutige Äthiopien. Hier steht er nun wieder wie zuvor in der heiligen Stadt Axum.

Erhalten blieb den Römern aber der Mussolini-Obelisk, den der Duce aus Carrara-Marmor hauen und auf dem Foro Italico aufstellen ließ. Dieser Komplex im Norden der Stadt ist so eine Art Kolosseum der Faschisten, eine pathetisch-glorifizierte Sportstätte zur paramilitärischen Ertüchtigung der ideologisch eingenordeten Jugend des totalitären Staates. Der Obelisk stellte dabei so etwas wie den Höhepunkt der

Wahnvorstellungen Mussolinis dar, die zu Stein gewordene Verkörperung seiner selbst als Schöpfer einer faschistischen Welt. Dieser Monolith ist mit etwas mehr als 17 Metern Höhe und 300 Tonnen Gewicht der größte, der im 20. Jahrhundert von Menschenhand geschaffen wurde.

Dennoch verblasst er als Geschöpf der Neuzeit vor der Magie der altrömischen und altägyptischen Exemplare. Zählt man diese Originale zusammen, so machen sie Rom weltweit zur Stadt mit den meisten antiken Obelisken. Und deshalb nennt man Rom auch die „Stadt der Obelisken".

Bucatini alla matriciana – ein Nudelgericht

Zutaten für 4 Personen:

500 g Bucatini (dünne Hohlnudeln)
250 g Guanciale-Speck (eine Spezialität aus Latium, ersatzweise Pancetta oder anderer luftgetrockneter, ungeräucherter Speck)
150 ml Weißwein
750 g Tomaten
150 g Pecorino romano
3 frische Peperoncini (Chilischoten)
1 Prise Zucker
Olivenöl, Salz, Pfeffer

Zubereitung:

Die Tomaten mit siedendem Wasser überbrühen und häuten, dann würfeln. In einem Topf etwas Olivenöl erhitzen, die Tomaten und 1 Prise Zucker hinzugeben, salzen, pfeffern, aufkochen und 1 Stunde lang ohne Deckel köcheln lassen, dabei gelegentlich umrühren.

Den Pecorino reiben. Die Chilischoten waschen. Den Speck in ca. 3 cm lange dünne Stifte schneiden. In einer Pfanne etwas Olivenöl erhitzen und den Speck darin glasig anbraten. Nun die ganzen Chilischoten hinzugeben, kurz mitrösten und dann mit dem Wein ablöschen. Sieden lassen, bis der Wein verkocht ist, anschließend die Chilischoten entfernen und den Speck warm stellen. In der Zwischenzeit die Nudeln in Salzwasser al dente kochen. Danach abgießen, zurück in den Topf geben, die Tomatensauce, den Speck und den Pecorino unterheben und servieren.

Dieses Rezept kommt aus dem Dorf Amatrice, das beim Erdbeben von 2016 weitestgehend zerstört wurde. Aufgrund der traditionell engen Kontakte zwischen Rom und

Amatrice wurde das Gericht seit dem 19. Jahrhundert in der Hauptstadt populär. Aus „all' Amatrice" entstand im römischen Dialekt „alla matriciana".

Nach dem schweren Erdbeben nahmen weltweit mehr als 700 italienische Restaurants dieses Gericht auf die Karte und spendeten vom Erlös jeweils 2 Euro an die Menschen in Amatrice, wo es mehr als 300 Todesopfer gegeben hatte.

Pandorata – Arme Ritter auf römische Art

Zutaten pro Person:

2 Scheiben Weißbrot
1 Ei
50 ml Milch
reichlich Olivenöl
Salz

Zubereitung:

Das Brot entrinden und in Quadrate von ca. 6 cm Seitenlänge schneiden. Auf Teller legen und mit der lauwarm erhitzten Milch beträufeln. Das Ei mit etwas Salz verquirlen und darübergeben. 1 Stunde lang ziehen lassen, dann in heißem Öl ausbacken und sofort servieren.

Passend zur Gemüsesauce Cazzimpero (s. Seite 193).

Wo die Zeiten verschmelzen – das Internet des Alten Roms

Heute ist ein herrlich sonniger Tag. Ich habe mich schon früh auf den Weg gemacht, denn ich möchte Arturo auf dem Forum Romanum treffen. Arturo ist Schriftsteller, und das Forum Romanum bedeutet ihm weit mehr als bloß eine Ausgrabungsstätte im Zentrum der Hauptstadt. Für ihn ist es ein lebendiger Widerhall des Herzschlags der Antike. An vielen Tagen kommt er deshalb hierher, ein kultivierter alter Herr mit grauen Künstlerlocken und lebhaft blitzenden Augen.

Arturo sitzt auf einem Mäuerchen beim Titusbogen und beobachtet das Geschehen. Manchmal macht er sich Notizen, manchmal huscht ein Lächeln über sein Gesicht. Das geschieht, wenn er den Touristen zuschaut, wie sie eilfertig ihre Selfies machen, vor einem Hintergrund, dessen wahre historische Tragweite vermutlich den wenigsten wirklich bewusst ist. Wenn er die Schulklassen beobachtet, Kinder, die herumalbern oder zanken, die mit sich selbst beschäftigt sind, bis sie von ihren Lehrern dazu ermahnt werden, sich die Würde des Ortes vor Augen zu führen. Wie sie sich dann anspannen und vorgeben, konzentriert zu sein, um im nächsten unbeobachteten Augenblick in ihre naive Unbekümmertheit zurückzufallen. Oder wenn er den Besuchern zusieht, die an geführten Rundgängen teilnehmen. Wie sie sich gebannt um ihre Reiseleiter scharen und mit Wissbegier an deren

Lippen kleben. Vielleicht entspringt ihre Begeisterung auch bloß dem Gruppenzwang und der kollektiven Erwartungshaltung? All die ungezählten Menschen aus nahen und fernen Ländern, die von einem Monument zum anderen eilen, die aber deren tatsächlichen Stellenwert im Einzelnen wohl kaum erahnen.

Für Arturo ist es ein Theaterspiel, mit täglich neuen Szenen und wechselnden Darstellern, die doch immer die gleiche Aufführung wiederholen. „Wenn du den wahren Geist des Forums spüren möchtest", sagt er mit einem Tonfall, in dem unüberhörbar seine Liebe zu dieser Stätte mitschwingt, „dann musst du am frühen Morgen kommen, oder spät abends, kurz bevor die Tore schließen. Nur in diesen Momenten fühlst du die geheimnisvolle Kraft, die diesem Ort noch immer innewohnt. Dann spürst du die Schatten von Caesar, von Cicero, Claudius, Cato und Caligula, von all den anderen, die hier gewandelt sind. Die hier geredet haben, die gelitten haben, die disputierten, flehten, hofften, fluchten und verdammten. Die für ihre Überzeugung entbrannten und die Entscheidungen trafen, durch die sie die ganze Welt veränderten. Ich bin mir sicher", Arturo senkt die Stimme und legt eine kurze, bedeutungsschwere Pause ein, „völlig sicher, dass ihre Geister noch hier umgehen. Dass sie auf den alten Mauern und Stufen sitzen, um uns zu beobachten. Ich weiß nicht, ob ihnen gefällt, was sie sehen. Vielleicht amüsieren sie sich über unsere lächerliche Oberflächlichkeit. Vielleicht lähmt sie noch immer der Schrecken angesichts des Untergangs ihres eigenen Universums. Ich weiß es nicht."

Dann zeigt er mit der Linken nach vorne, wo sich vor dem Hintergrund des römischen Rathauses der Triumphbogen des Septimius Severus erhebt. „Siehst du das weiße Zeltdach?", fragt er mich. Tatsächlich blitzt ein heller Fremdkörper zwischen all den Ziegelmauern, den Marmorsäulen und dem Grün des Forums auf, gerahmt vom diffusen Gefüge der umliegenden Gebäude. Diese großen Bauten umschließen die Szenerie, als habe ein gelangweiltes Riesenkind sie planlos aus seiner Spielkiste hervorgekramt und dorthin platziert, wo es ihm gerade in den Sinn kam. Da mischen sich antike Säulenhallen mit der erhabenen Sachlichkeit der Renaissance, barocke Kuppeln und verspielte Schnörkel mit neoklassizistischem Pomp.

Das flache Zeltdach wirkt zwischen alldem merkwürdig befremdend. Es sieht aus, als habe eine Pfadfindergruppe ihr Versorgungszelt aufgeschlagen und dann vergessen, es wieder abzubauen. „Es passt nicht hierher“, meint Arturo, „aber der Forumsverwaltung ist eben nichts Besseres eingefallen“.

Dann erzählt er, dass sich an Stelle des Zeltdachs einst der Caesartempel befand. Augustus ließ ihn da errichten, wo man den Leichnam seines Adoptivvaters den Flammen übergeben hatte. Der Altar, auf dem dies geschah, steht noch, er wird von der Plane vor der Unbill des Wetters geschützt. Arturo spricht jetzt leise, als wolle er mich in ein Geheimnis einweihen. „Früher arbeitete eine Frau namens Luciana hier“, fährt er fort. „Luciana war für die Toilettenhäuschen südlich der Basilica Julia zuständig. Alle paar Tage legte sie, wenn sie zur Arbeit kam, frische rote Rosen auf den Caesaraltar. Seit Luciana in Rente ist, macht das niemand mehr. Irgendjemand hat deshalb jetzt ein paar Plastikblumen dort hingelegt.“ Arturo seufzt und schüttelt dann seine grauen Locken. „Es ist doch merkwürdig. Seit mehr als 2.000 Jahren ist dieser Mann tot, und noch immer wird er verehrt. Dabei war er nichts als ein machtbesessener Egomane, der Rom erst in den Bürgerkrieg stürzte, um sich dann zum Diktator zu erheben. Caesar steht beispielhaft für die Faszination, die eine skrupellose Person mit aufgeblasenem Selbstbewusstsein auf das unkritische Volk ausüben kann. Eine Faszination, die sogar die Jahrtausende überdauert und die auch in unserer aufgeklärten Zeit nicht auszumerzen ist. Die ganz im Gegenteil immer wieder aufs Neue entflammt. Neue Namen, neue Gesichter, der gleiche Wahnsinn."

Wir schweigen eine Weile. Um ihn von seinen düsteren Gedanken abzulenken, bitte ich Arturo schließlich, mir ein wenig über das Forum zu erzählen. Er zögert noch einen Augenblick, dann nickt er und lächelt zufrieden. Ich weiß doch, wie sehr er diesen Ort schätzt!

„So viele Worte sind hier gesprochen worden", beginnt er seinen Vortrag, „hier tickte die Schaltuhr der Macht. Wer in der Antike am Puls der Zeit sein wollte, der kam aufs Forum. Das Forum Romanum war für die Menschen des Altertums so etwas, wie es das Internet für uns heute darstellt. Mit dem Unterschied, dass das Internet nur Bestand hat, solange es uns gibt. Das Forum Romanum währet ewiglich!" Mit leisem Zweifel lasse ich meinen Blick über die Ruinen schweifen, die uns umgeben. Aber ich möchte Arturo nicht unterbrechen.

„Alles fing damit an, dass der fünfte König von Rom um 600 v. Chr. zwischen Palatin und Kapitol ein Kanalsystem anlegen ließ", fährt Arturo fort.

Diese „Cloaca Maxima" sorgte dafür, dass der sumpfige Boden in der Senke zwischen den Hügeln entwässert wurde. Hier befand sich vordem eine Begräbnisstätte, doch nun pflasterten die Römer den trockengelegten Platz. Mit der „Regia" entstand zunächst der Regierungspalast der römischen Könige, und gleich daneben wurde der Tempel der Vesta errichtet. Dieser Tempel bildete so etwas wie das Allerheiligste. In seinem Inneren brannte ein ewiges Feuer, bewacht von sechs Vestalinnen. Niemals durften die Priesterinnen dieses Feuer ausgehen lassen. Erlosch es dennoch, so bedeutete das großes

Unheil für die Stadt. Solch grobe Unachtsamkeit forderte eine harte Bestrafung.

Gut verborgen im Vestatempel ruhten außerdem die „Penaten“, geheimnisvolle Gegenstände, die Aeneas vor Zeiten bei seiner Flucht aus dem untergehenden Troja gerettet und mitgenommen hatte. Die Penaten galten symbolhaft für den Schutz Roms, solange sie unangetastet blieben, konnte der Stadt kein Unheil geschehen.

Während der Zeit der Republik entstand dann die „Curia“ auf dem Forum als Versammlungsort der Senatoren und somit als politisches Zentrum der Stadt. Hier wurde debattiert, und auf der Tribüne traten Redner vor das Volk. Darum herum erbaute man immer mehr neue Tempel, womit die religiöse Gewichtigkeit des Platzes weiter untermauert wurde. Weil das Forum nun immer mehr Besucher anzog, gab es schon bald dazu noch eine Ladenzeile. Auch Gladiatorenkämpfe fanden bis zum Bau der großen Arenen auf dem Forum Romanum statt. Mit dem „Zwölftafelgesetz“ wurde um 450 v. Chr. so etwas wie das Grundgesetz der römischen Republik auf Bronzetafeln geschrieben und auf dem Forum Romanum angeschlagen. Dadurch manifestierte sich nun auch die Stellung des Forums als juristischer Mittelpunkt des römischen Reichs.

Wann immer es die Finanzlage und die politischen Umstände erlaubten, erhielt das Forum in den nächsten Jahrhunderten neue Gerichts- und Verwaltungsgebäude sowie Tempel. Die Läden und Marktstände hingegen wurden allmählich ausgelagert, um den herausragenden politischen Nimbus des Forums zu unterstreichen. Mit dem signifikanten „Tabelarium“ begrenzte das Staatsarchiv das Forum nach Norden zum Kapitolshügel hin.

Caesar ließ das zu seiner Zeit schon hochbetagte Forum neu pflastern. Insgesamt erschien ihm die ganze Anlage allerdings inzwischen als zu klein und damit nicht mehr zeitgemäß. Deshalb begann er, den Platz durch das danebenliegende „Caesarforum“ zu erweitern, eine Idee, die seine Nachfolger mit dem Bau ihrer jeweiligen Kaiserforen aufgriffen.

Die rege Bautätigkeit und Verschönerungswelle unter Kaiser Augustus machte natürlich auch vor dem Forum nicht halt. Es erhielt jetzt Prachtbauten aus Marmor, außerdem erforderte ein zerstörerischer Großbrand schon wieder die Erneuerung des Pflasters. Dafür wurde heller Travertin verwendet, wodurch sich im Zusammenspiel mit dem strahlend weißen Marmor ein monumentales Gesamtbild ergab. Um die Würde des Forums zu unterstreichen, fanden fortan nicht nur die Gladiatorenspiele Verbannung, es erging auch eine Verordnung, welche das Tragen von Alltagskleidung auf dem Forum verbot und stattdessen die Toga verbindlich vorschrieb.

Auch die Nachfolger des Augustus versuchten, sich auf dem Forum baulich zu verewigen, doch eigentlich gab es dort nun gar keinen freien Raum mehr. Deshalb blühten die Kaiserforen weiter auf. Das Forum Romanum, das bisher einfach nur „Forum“ genannt worden war, hieß neuerdings „altes Forum“, damit man es von den Kaiserforen unterscheiden konnte. Doch allmählich bürgerte sich der würdevolle Name „Forum Romanum“ ein. Denn an seine gesellschaftliche Bedeutung konnten die neuen Kaiserforen nie heranreichen.

Als letztes antikes Bauwerk wurde 608 n. Chr. die Phokas-Säule auf dem Forum Romanum errichtet. Man kann sie noch heute bewundern, sie ist eine korinthische Solitärsäule aus Carraramarmor. Ursprünglich schmückte ihre Spitze die vergoldete Statue des oströmischen Kaisers Phokas. Von ihm haben wir schon gehört, denn er war es, der Papst Bonifatius IV. im gleichen Jahr das Pantheon schenkte. Es herrschte die Zeit, in der das weströmische Reich unaufhaltsam seinem

Untergang entgegenschlitterte. Noch immer genoss die Stadt Rom aber eine hohe ideologische Wertschätzung, so empfanden es auch die Kaiser im östlichen Reich. Und noch stellte das Forum Romanum das Herz von Rom dar.

Doch schnell sollte sich das nun ändern. Die Zeit der Antike war endgültig vorbei. Der zentrale Knotenpunkt ihres weltweiten Netzwerks, das Forum Romanum, verkam zum „Campo Vaccino“ – zur „Kuhweide“. Einige der antiken Gebäude fanden als christliche Kirchen Weiterverwendung. Die meisten aber schlachtete man kurzerhand aus und bediente sich an ihrem Gemäuer, um das Material für andere Bauten im Stadtgebiet zu nutzen. Der Rest fiel in sich zusammen, und das Forum mutierte zum Schuttplatz. Die teils immensen Trümmerhaufen machten das Gelände unpassierbar. Mit der Zeit erwuchsen schließlich einfache Wohnhäuser auf den Ruinen, die inzwischen unter Lehm und Müll versunken waren. Das Straßenniveau lag jetzt auch hier mehrere Meter höher als zur Zeit der Antike.

Was vom Forum noch überdauern konnte, das wurde nach Rückkehr der Päpste aus Avignon ab 1367 rücksichtslos ausgebeutet. Denn nun erlebte Rom einen erneuten Bauboom, und die Baumeister nutzten alles, dessen sie habhaft werden konnten. Als Karl V. im 16. Jahrhundert nach Rom kam, ließ Papst Paul II. zuvor flugs noch eine Triumphstraße vom Titusbogen bis zum Bogen des Septimius Severus anlegen. Die mittelalterlichen Gebäude mussten dafür weichen, der Rest des Forums wurde zugeschüttet und eingeebnet.

Wäre nicht allmählich mit der anbrechenden Zeit der Renaissance das Interesse an der Antike erwacht, stünde anstelle der Reste des Forum Romanum heute vielleicht ein Barockpalast, ein klassizistisches Monument, ein modernes Luxushotel oder eine Mischung aus all dem. So ließ man wenigstens die verbliebenen Ruinen schließlich in Ruhe. Doch was das Forum Romanum einst dargestellt hatte und welche herausragende Wichtigkeit ihm beizumessen war, das fand man erst ab dem 19. Jahrhundert allmählich wieder heraus. Noch Goethe erwähnt diese Örtlichkeit in seinem Bericht „Italienische Reise" mit keinem Wort.

„Die umfassende archäologische Erschließung fand erst um die vorletzte Jahrhundertwende herum statt", beendet Arturo seine Schilderung.

Aufmerksam habe ich ihm zugehört. Als er nun fertig ist, frage ich ihn, ob wir nicht ein wenig herumgehen sollen und die Reste der Bauwerke betrachten, von denen er erzählt hat. Doch Arturo hat keine Lust. Denn inzwischen ist es später Vormittag, das Forum hat sich mit einem bunten Gewusel gefüllt. Fast scheint es mir wie früher, als die Menschen von Rom auf diesen Platz kamen, um am Puls des Geschehens zu sein. Aber Arturo winkt spöttisch ab. „Die Touristen sind wie ein aufgescheuchter Vogelschwarm, da ist nichts mehr von der Würde früherer Zeiten."

Er holt tief Luft, und bald schaut er etwas versöhnlicher drein. Schließlich spazieren wir doch noch über das Forum, und dann durch den Rosengarten der Vestalinnen hin zum Aufstieg auf den Palatin. Dort oben besichtigen wir aber keineswegs die Ruinen der kaiserlichen Paläste. Stattdessen suchen wir uns einen stillen Winkel in den Farnesischen Gärten. Denn selbst wenn sich unten über das Forum die Besucherströme wälzen, ist es hier in den lauschigen Winkeln des ersten botanischen Gartens von Europa oft erstaunlich ruhig. Die Farnesischen Gärten entstanden im 16. Jahrhundert auf den Mauern des Tiberius-Palastes, die zu diesem Zweck mit Erde zugeschüttet wurden. Ein Teil der Gärten musste deshalb bereits wieder den Ausgrabungen auf dem Palatin weichen.

Unter blühenden Zitrusbäumen nehmen wir Platz. Während ich mich noch frage, ob die Farnesischen Gärten vielleicht eines Tages völlig verschwinden müssen, beginnt Arturo, von den römischen Kaisern und ihrem luxuriösen Leben auf dem Palatin zu erzählen.

Ich schließe die Augen, während ich lausche. Und als ich sie wieder öffne, ist es mir fast, als müssten gleich vornehme Römer in weich fließenden Gewändern zwischen den Rosenbüschen und Oleandersträuchern hervortreten. Plaudernd würden sie dann an uns vorbeiflanieren, ganz so, als sei die Zeit zwischen einst und jetzt für die Dauer eines Atemzugs zu einer einzigen Inszenierung verschmolzen.

Fave con pecorino – Dicke Bohnen mit Pecorino

Zutaten für 4 Personen:

300 g frische Dicke Bohnen (Saubohnen)
1 Schalotte
250 g Pecorino
200 g Feldsalat
150 ml Weißwein
Olivenöl
Balsamico-Essig
Salz
Pfeffer

Zubereitung:

Die Schalotte schälen und fein hacken. In einer Pfanne einen Schuss Olivenöl erhitzen und die Schalotten darin glasig anbraten. Nun die Dicken Bohnen hinzugeben, kurz mit anschwitzen und mit dem Weißwein ablöschen. Salzen, pfeffern und bei mittlerer Hitze köcheln, bis der Weißwein ganz verdampft ist. Vom Herd nehmen und komplett abkühlen lassen.

Den Feldsalat waschen, putzen und trocken schleudern. Den Pecorino dünn hobeln.

Die Dicken Bohnen in eine Schüssel geben und mit je einem Schuss Olivenöl und Balsamicoessig begießen. Gut umrühren, danach den Pecorino unterheben. Den Feldsalat auf Tellern anrichten und die Dicken Bohnen mit Pecorino darauf verteilen.

Mit knusprigem Weißbrot servieren.

Brunnen, Brücken, Monumente – ein letzter Spaziergang durch Rom

Unsere Reise nach Rom neigt sich dem Ende zu, und bald heißt es Abschied nehmen. Unser letzter Tag ist angebrochen, und wir sind nach dem Frühstück zum Gianicolo-Hügel gefahren, um von dort aus einen letzten Spaziergang durch die Stadt zu unternehmen. Es ist recht früh, und außer uns hat noch niemand den Weg zur Aussichtsterrasse auf dem Gianicolo gefunden. Nur der Erfrischungstand hat schon geöffnet, und der Souvenirbudenbesitzer nimmt gerade die Plane von seinem kunterbunten Krimskrams herunter.

Stoisch schaut der Freiheitskämpfer Giuseppe Garibaldi von seinem monumentalen Reiterstandbild in die Ferne. Ihm ist es gleichgültig, ob sich eine Menschenmenge auf dem Gianicolo tummelt oder ob es nur das unablässige Brummen der Motoren ist, das zu seinen Füßen kreist. Hier musste der streitbare Kämpe des Risorgimento 1849 mit seinen Guerillatruppen vor den Franzosen kapitulieren, die Papst Pius IX. gegen sie mobilisiert hatte. Die Freiheitskämpfer unter Garibaldi hatten nämlich die Römische Republik ausgerufen. Der Papst wollte aber lieber seinen Kirchenstaat behalten, ein Wunschtraum, der schließlich 21 Jahre später an einer Volksabstimmung scheiterte. Das führte zur Eingliederung des Kirchenstaates ins Königreich Italien unter Vittorio Emanuele II. Damals entstanden vielerorts monumentale Gedenkstätten, um die fragile

Stabilität der noch jungen staatlichen Einheit symbolisch zu festigen. Das Reiterstandbild Garibaldis auf dem Gianicolo ist eines dieser Denkmäler.

So blickt nun Garibaldi auf ewig über die Dächer der Stadt, eine Aussicht, die vom Reiseführer als besonders großartig beschrieben wird. Doch ich bin ein bisschen enttäuscht. Im Morgendunst glitzern die Dächer und Kuppeln schemenhaft im Gegenlicht, und die Bäume am Hang des Gianicolo sind so in die Höhe gewachsen, dass die Aussicht inzwischen fast vollständig vom Blätterdach der Baumkronen verschlungen wird. Kein Vergleich zum abendlichen Lichterspektakel, das wir auf dem Monte Pincio erlebt haben. Vielleicht erwacht der Zauber vom Gianicolo auch erst viel später, wenn die sinkende Sonne im Rücken steht und der Faro del Gianicolo, der von italienischen Auswanderern gestiftete Leuchtturm, sein grün-weiß-rotes Strahlen über die Stadt aussendet.

Der erste Foto-Legionär entsteigt soeben einem kurz anhaltenden Fiat und eilt in Richtung Aussichtsplattform, wobei er noch rasch seine Panzerweste zurrt und den Helm gerade richtet. Höchste Zeit, die Beschaulichkeit des morgendlichen Platzes zu verlassen, solange sie noch währt. Deshalb machen wir uns an den Abstieg hinunter ins Trastevere, das alte Viertel der sozialen Randgruppen von Rom. Hier, „jenseits des Tiber“, hausten in der Antike die Tagelöhner, Freigelassenen und Zugezogenen, später die Juden und die ersten Christen, dann Arbeiter, Migranten und politische Aktivisten wie die Freiheitskämpfer des Risorgimento. Deshalb hat sich dieser einst prekäre Stadtteil viel historisches Charisma bewahrt. Man nennt ihn auch „Dorf in der Stadt“, ein Geheimtipp, der sich natürlich schnell herumsprach. Deshalb gleicht das Trastevere auch längst eher einer Touristenhochburg als einem Geheimtipp.

Doch jetzt, wo es recht früh am Tag ist, sind die Besucher noch nicht da. Stattdessen zeigt das Trastevere im unbarmherzigen Morgenlicht seine schäbige und schmuddelige Seite. Wenig hält uns hier, und deshalb wechseln wir über den Ponte Cestio hinüber auf die Tiberinsel.

Der Ponte Cestio ist eine der Tiberbrücken, die schon seit der Antike stehen. Zwischen 60 und 40 v. Chr. hat ihn Lucius Cestius erbauen lassen. Dieser war der Bruder des Gaius Cestius Epulo, dem Rom seine Cestius-Pyramide verdankt. Zwar ist die Brücke immer wieder mal renoviert worden, teilweise mithilfe von Baumaterial aus dem nahen Marcellustheater, doch zumindest ihr Mittelbogen ist noch vollständig in seiner ursprünglichen Form erhalten. Das ist umso erstaunlicher, wenn man bedenkt, dass diese Brücke heutzutage sogar Autos und Lastwagen trägt.

Noch verblüffender ist übrigens der Ponte Milvio ein Stück weiter tiberaufwärts, ganz in der Nähe des Museums MAXXI. Über ihn führte einst die Via Flaminia nordwärts aus Rom hinaus. Einige seiner Brückenpfeiler stehen schon seit 115 v. Chr.

Und gleich neben der Tiberinsel steht der „Ponte Rotto“, die Ruine des ehemaligen Pons Aemilius, der beim Tiber-Einlauf der Cloaca Maxima über den Fluss führte. Vielleicht wollte man auf diese Art den Reisenden noch eine Duftmarke hinterherschicken, denn über die Brücke verlief die Via Aurelia aus Rom hinaus. Sie wurde 142 v. Chr. erbaut.

Und dann gibt es natürlich noch den Ponte Sant‘ Angelo, die zum Mausoleum des Hadrian hinüberführende Brücke, die 134 n. Chr. fertiggestellt wurde. Sie galt damals als schönste Brücke der Welt, und damit sie eine Chance bekam, diesen Ruf auch in neuerer Zeit zu verteidigen, schmückte Gian Lorenzo Bernini sie mit zehn prächtigen Barockengeln.

Das war auch besser so, denn die Brücke diente seinerzeit als Hinrichtungsstätte. Ihre Flanken wurden vordem nicht von Engeln geziert, sondern von den zur Abschreckung ausgestellten Häuptern der Gerichteten. Es heißt, dass noch zu Zeiten von Papst Sixtus V., dem Obelisken-Freund, mehr Köpfe als Melonen hier herumlagen. Die Brücke war nämlich ein Nadelöhr auf dem Weg zum Vatikan, deshalb nutzten fliegende Händler sie für ihre Geschäfte. Das verstopfte den Engpass zu Stoßzeiten natürlich noch mehr, und 1450 kam es schließlich zu einem solch extremen Gedränge, dass die daraus entstehende Massenpanik 172 Todesopfer forderte. Heute kennen wir die Brücke als „Engelsbrücke", und aus dem Mausoleum des Hadrian haben die Päpste die Engelsburg gemacht, die ihnen ab dem 10. Jahrhundert als Zufluchtsort bei drohender Gefahr diente.

Doch kehren wir zurück auf die Tiberinsel. Ihr, so heißt es, ist die Gründung der Stadt Rom überhaupt erst zu verdanken, denn die Insel bot eine große Erleichterung bei der Überquerung des Tiber. Ich weiß zwar nicht, was das mit Romulus und Remus zu tun hat, aber vielleicht war es auch für den Flussgott Tiberinus einfach bequemer, die beiden Säuglinge ganz in der Nähe dieser Insel an Land zu setzen. Denn vom nordöstlichen Ufer ist ja das Forum Romanum nur einen besseren Steinwurf weit entfernt, und hier wuchs zu jener Zeit der Ficus Ruminalis, der Feigenbaum, unter dem der Gott die Kindlein der Wölfin überließ.

Die Tiberinsel hat die Form eines Schiffes, das unterstreicht die Bebauung an der flussaufwärts gewandten Bugseite. In der Antike erhob sich auf der Insel ein Obelisk, der den Eindruck eines Mastes erwecken sollte. Ansonsten diente die Tiberinsel damals als Pilgerstätte für Kranke, die auf eine Wunderheilung hofften. Letztere sollte ein Besuch im dortigen Tempel bewirken, der dem Medizinergott Aesculapius geweiht war.

Praktischer Hintergrund mag aber die relative Isolation auf der Insel und damit die Eindämmung einer eventuellen Seuchengefahr gewesen sein.

Über den Pons dei Quattro Capi, auch Ponte Fabricio genannt, verlassen wir die Tiberinsel auf der nordöstlichen Seite wieder. Diese Brücke steht bereits seit 62 v. Chr., was sie dem besonderen technischen Sachverstand römischer Ingenieure verdankt. Ihre runden Bögen sind unterhalb der Wasseroberfläche kreisförmig zusammengeführt, wodurch das Ausspülen der Pfeiler verhindert wird. Eine Taktik, die ausgesprochen gut funktioniert hat!

Nun gelangen wir ins Römische Ghetto, das ehemalige Judenviertel der Stadt. Ab 1555 wurden alle Juden von Rom dazu verpflichtet, sich hier niederzulassen, womit Rom es der Stadt Venedig gleichtat. Auch dort hatte man die Juden in ein bestimmtes Stadtgebiet verbannt, ein unliebsames Gelände, auf dem sich zuvor eine Gießerei befunden hatte, die den Namen „ghèto“ trug. So entstand der Name „Ghetto“, den die Römer flugs für ihr eigenes Judenviertel übernahmen. Das hoffnungslos übervölkerte Gebiet umschloss eine hohe Mauer, die Tore wurden nachts verriegelt. Erst nachdem Befreiungskämpfer des Risorgimento das Ghetto 1870 besetzt hatten, wurde es schließlich aufgelöst. Es war das letzte Ghetto in Westeuropa.

Am Tiberufer steht hier nun die große Synagoge von Rom, die Anfang des letzten Jahrhunderts als Symbol für die Befreiung der Juden errichtet wurde. Sie ist die letzte von einst 13 römischen Synagogen, wobei sich mir die Frage aufdrängt, wie viele christliche Kirchen es wohl geben mag? Mein Vater hat behauptet, es seien über 1.000. Dann wiederum heißt es, nicht einmal der Heilige Geist wisse, wie viele es wirklich seien. Allein durch Papst Johannes Paul II. sollen 50 neue Gotteshäuser im Stadtgebiet eingesegnet worden sein.

Fest steht, dass es sieben Pilgerkirchen gibt, die jeder pflichtbewusste Wallfahrer in Rom besuchen muss. Das sind die vier Papstbasiliken Petersdom, Lateran, San Paolo fuori le mura und Santa Maria Maggiore, außerdem San Lorenzo fuori le mura, Santa Croce in Gerusalemme und San Sebastiano fuori le mura über den Katakomben. Wie viele Kirchen es jedoch insgesamt gibt, scheint tatsächlich niemand zu wissen. Vielleicht können wir uns darauf einigen, dass Rom die kirchenreichste Stadt der Welt ist.

Während ich noch darüber nachdenke, hat uns unser Weg zum Marcellustheater geführt. Wir haben ja schon erfahren, dass es von Augustus zu Ehren seines früh verstorbenen Neffen erbaut wurde. 13 v. Chr. wurde es fertig, es fasste bis zu 15.000 Zuschauer und diente als Vorbild für das weit größere Kolosseum. Im Mittelalter musste es genau wie das Kolosseum teils als Wohnraum, teils als Steinbruch herhalten. Im 13. Jahrhundert funktionierte man es zur Festung um. Während der Renaissance erfuhr es schließlich eine grundlegende Modernisierung, bei der Stützmauern eingezogen wurden, die bis heute gehalten haben. Im Inneren legte man Wohnungen an, die noch immer aufgrund der bevorzugten Lage zu den begehrtesten von ganz Rom gehören.

Ein Stückchen weiter südlich erreichen wir in der Senke zwischen Kapitol und Palatin den Janusbogen, ein quadratisches antikes Bauwerk aus Ziegeln und Beton, verkleidet mit Marmor. Die Altertumsforscher der Renaissance vermuteten aufgrund seiner Bauform, dieser Bogen sei dem doppelköpfigen Gott des Anfangs und des Endes gewidmet, Janus, nach dem auch der Hügel Gianicolo benannt ist. Nur dass er hier eben als „Viergestaltiger“, als „Quadrifrons“ dargestellt sei. Diese Deutung ist jedoch nicht mehr haltbar. Tatsächlich diente der Janusbogen wohl nur als repräsentative Zierde und gleichzeitig praktische Überdachung einer Straßenkreuzung über der Cloaca Maxima. Hier fanden Händler einen Unterstand und konnten ihre Waren den in alle vier Richtungen reisenden Passanten anbieten.

Schräg gegenüber liegt in einer kleinen Grünanlage der runde Säulentempel des Hercules Victor. Er entstand 120 v. Chr. und ist Roms ältestes Marmorbauwerk. Aber deshalb sind wir nicht hergekommen. Bevor wir die Heimreise antreten, möchten wir es unbedingt noch Audrey Hepburn alias Prinzessin Ann gleichtun. Wir wollen allen Mut zusammennehmen und unsere Hände beherzt in den „Mund der Wahrheit" stecken, den „Bocca della Verità". Es heißt ja, dass er demjenigen, der gelogen hat, die Hand abbeißt. Vermutlich diente das 2.000 Jahre alte Marmorrelief einst als Gullydeckel über der Cloaca Maxima, heute ist es im Vorbau der Kirche Santa Maria in Cosmedin aufgestellt. Doch wir sind nicht die Einzigen, die sich der Mutprobe unterziehen möchten, vor dem Eingang hat sich eine gut und gerne 50 Meter lange Schlange gebildet. Da verzichten wir lieber und werden zumindest für heute nicht mehr gewahr, ob einer von uns geflunkert hat.

Nun ist es nicht mehr weit bis zu Simonas kleinem Ristorante, aber bevor wir uns eine wohlverdiente Rast gönnen, werden wir noch das Monumento Nazionale a Vittorio Emanuele II. besuchen, das Nationaldenkmal. Ich stehe dem Ganzen etwas zwiespältig gegenüber. Dieser riesige neoklassizistische Klotz drängt sich mit ziemlicher Überheblichkeit in das Stadtbild von Rom. Er entstand in der gleichen Epoche wie das Garibaldi-Denkmal auf dem Gianicolo, bei dem unser Spaziergang seinen Anfang nahm. Und er diente dem gleichen Zweck: der kraftstrotzenden Symbolik einer noch zerbrechlichen Einheit. Ganz so, als wolle man die gemeinschaftliche Verbundenheit im noch jungen Staat Italien mit aller Gewalt einbetonieren. Nur dass man dafür keinen Beton, sondern schneeweißen Carraramarmor verwendet hat.

Das Viktor-Emanuel-Denkmal entsprang dem gleichen glorifizierenden Nationaldenken wie die deutschen Monumentaldenkmäler jener Epoche, zum Beispiel das Hermannsdenkmal, das Kyffhäuser- oder das Niederwalddenkmal. Dank seiner grellweißen Farbe sticht es aber noch weitaus mehr als diese aus seiner Umgebung heraus. Mein Vater pflegte es als „das falsche Gebiss von Rom" zu bezeichnen, andere Spotttitel sind „Schreibmaschine", „Hochzeitstorte" oder „Eisberg". Man kann wirklich geteilter Meinung über den ästhetischen Wert dieses Bauwerks sein. Das beweist meine Tochter. Als sie zum ersten Mal direkt davorsteht, ruft sie nach einem kurzen Moment der Sprachlosigkeit mit weit geöffneten Augen: „Mein Gott, ist das schön! So etwas habe ich ja noch nie gesehen!"

Der Bau des Nationaldenkmals wurde nach dem Tod des Königs im Jahr 1878 beschlossen, endgültig fertiggestellt war das gigantische Projekt erst 1927. Hier befindet sich das Grabmal des unbekannten Soldaten, außerdem der „Vaterlandsaltar" mit ewiger Flamme und ständiger Bewachung durch zwei Soldaten. Im Inneren liegt das Museum des Risorgimento. Doch seit 2007 wartet das Vittorio-Emanuele-II.-Denkmal außerdem mit einem ganz besonderen Schmankerl auf: Man darf es jetzt besteigen! In diesen Genuss bin ich bei meinen früheren Rombesuchen nicht gekommen, und das möchte ich mir jetzt auf keinen Fall entgehen lassen.

Vorbei an zwei geflügelten Löwen und den Brunnen zu Füßen des Denkmals geht es zunächst über eine 40 Meter breite Marmortreppe hinauf. Den Brunnen schenkt man ja schon gar keine Beachtung mehr, es gibt davon in Rom so viele, dass sie ganz alltäglich sind. Tatsächlich sind es mehrere tausend, rechnet man die rund 2.500 „Nasoni“ mit. Das sind die allgegenwärtigen nasenförmigen Eisenrohre, aus denen ständig Frischwasser austritt. Man kann es unbesorgt trinken, deshalb muss man sich zumindest um Durst keine Gedanken machen, wenn man in Rom unterwegs ist. Es handelt sich um ein Relikt der guten Infrastruktur des antiken Roms. Überall in der Stadt versorgten damals Aquädukte die Bürger mit Trinkwasser, und an den Endpunkten befanden sich sogar besonders große Brunnenanlagen. Viele von diesen wurden später ausgebaut und aufwendig geschmückt, deshalb ist Rom noch heute eine Stadt der unzähligen Brunnen.

Doch nun steigen wir weiter über die große Freitreppe empor und gelangen auf die Terrasse des Viktor-Emanuel-Denkmals. Von hier überschauen wir die Piazza Venezia mit ihrem ständig brausenden Verkehr, den Renaissance- und Barockpalästen, den barocken Kirchen und der marmornen Ehrensäule auf dem Kaiserforum des Trajan. Die Trajanssäule steht seit 113 n. Chr., auf ihrem 200 Meter langen Reliefband ist mit 2.500 Figuren der Feldzug gegen das Volk der Daker im heutigen Rumänien dargestellt. Und unten auf der Piazza, inmitten des dort ständig herrschenden Chaos aus Autos, Motorrollern, Bussen und LKWs, sehen wir den Polizisten auf seinem Podest, der mit strahlend weißen Handschuhen den Verkehr regelt. Auch, wenn er damit nicht wirklich viel zu bewirken scheint, ist er doch inzwischen eine römische Institution. Der Versuch, diesen Anachronismus im Jahr 2006 abzuschaffen, scheiterte am vehementen Protest der Bürger.

Von der ersten Terrasse geht es mit einem Aufzug weiter nach oben zur Terrazza delle Quadrighe. Hier thronen die beiden bronzenen Vierergespanne, die das mit 70 Metern Höhe und 135 Metern Breite wirklich bombastische Monument krönen. Der grün-gläserne Aufzug wurde an der Rückseite des Bauwerks angebracht und stellt nicht unbedingt eine optische Bereicherung dar.

Doch oben angekommen verschlägt es mir genauso die Sprache, wie es eben noch meiner Tochter erging. Der Anblick ist so überwältigend, dass mir noch heute allein bei der Erinnerung der Atem stockt.

Am Ende des breiten Boulevards Via dei Fori Imperiali beherrscht das Kolosseum machtvoll die Szenerie, gerahmt von den Foren und den Gärten auf dem Palatin, den Dächern und Kuppeln des Esquilin, von hohen Pinien und den Kolossalstatuen auf der Fassade des Laterans im Hintergrund. Ganz weit am Horizont erheben sich imposant die Albaner Berge in blauer Ferne, dort wo alles begann, als Aeneas einst aus Troja kam. Und vor alldem hat sich auf der marmornen Mauer des Viktor-Emanuel-Denkmals eine Möwe fotogen in Positur gebracht.

Es ist ein grandioses Bild von einer Ausdruckskraft, die wohl kaum zu übertreffen ist. Und müsste man ihm einen Namen schenken, wie könnte dieser anders lauten als „die Ewige Stadt“?

Cazzimpero – eine Sauce mit Gemüse

Zutaten für 4 Personen:

100 ml Olivenöl
2 Sardellen
½ Bd. Blattpetersilie
2 Knoblauchzehen
2 Zweige Zitronenthymian
6 Pfefferkörner
grobes Meersalz.
Dazu pro Person:
3 Möhren
2 Stangen Staudensellerie
5 Stangen grüner Spargel
außerdem Salz

Zubereitung:

Petersilie und Thymian waschen, trocken schleudern, die Blättchen danach abzupfen und fein hacken. Die Knoblauchzehen schälen und grob hacken, dann zusammen mit den Sardellen und den Pfefferkörnern in einen Mörser geben und zu einer Paste zermahlen. Die Paste mit den Kräutern und dem Olivenöl zu einer Sauce vermischen und diese mit Meersalz würzen.

Das Gemüse putzen, Möhren und Sellerie längs halbieren und alles portionsweise mit Küchengarn zusammenbinden. In einem hohen Topf Salzwasser aufkochen und die Gemüsebündel darin 5 Minuten lang stehend kochen. Dann in Portionsgläsern anrichten und mit der Sauce servieren.

Man dippt zum Verzehr das Gemüse jeweils in die Sauce. Man kann auch rohes Gemüse sowie nach Belieben andere Sorten verwenden.

Dazu kann man Pandorata reichen (s. Seite 172).

Das letzte Wort

Liebe Leser*innen,
am Campo de‘ Fiori nehme ich einen letzten Cappuccino. Dieser Platz löste die Piazza Navona im 19. Jahrhundert als Marktplatz ab. Noch im Mittelalter befand sich hier eine Blumenwiese, daher rührt der Name, der übersetzt „Blumenfeld“ bedeutet. Heute ist der Charme des historischen Marktgewusels weitgehend einem bunten Bazar für die Touristen gewichen. Doch es gibt auch Spezialitäten, vielleicht nehme ich noch ein paar der römischen Artischocken mit, die bei uns so schwer erhältlich sind. Bevor ich dann auf dem Weg zum Flughafen im Vorbeifahren noch einen flüchtigen Blick auf die Caracalla-Thermen werfe, die imposanten Reste der großen Thermalbäder aus dem 3. Jahrhundert. Ich hoffe, Ihnen hat unser Ausflug nach Rom gefallen. Versäumen Sie nicht die vielen Fotos aus Rom auf meiner Website **www.almutirmscher.de**, mit denen Sie Ihre Eindrücke vertiefen können! Natürlich freue ich mich über Ihre Tipps, Hinweise oder Anregungen und beantworte auch gerne Ihre Fragen. Schreiben Sie mir einfach an kontakt@almutirmscher.de.

Vielen Dank und…
…*Arrivederci, Roma* – auf Wiedersehen, Rom!
Meine Münze liegt im Trevi-Brunnen, ich komme wieder!

Ihre Almut Irmscher

Danksagung

Ich danke allen, die mich mit Tipps und Anregungen unterstützt haben.

Ganz besonders danke ich meinem Mann Ulrich Otto, ohne seinen Rat, seine Korrekturen, seine Aufmunterungen und seine ständige Bereitschaft, mir alle Hindernisse aus dem Weg zu räumen, wäre meine Arbeit nicht möglich.

Mein herzlicher Dank geht an Rosi Seidl, die die Fotoalben auf meiner Seite www.almutirmscher.de mit ihren schönen Bildern bereichert.

Besonderer Dank gebührt auch meiner Freundin Gunhild Hexamer, die mich nicht nur durch die Jahrzehnte des Lebens begleitet hat, sondern auch die Entstehung meiner Bücher jedes Mal aufs Neue unermüdlich und engagiert mit ihren Hinweisen, Korrekturen und Anregungen begleitet. Sie ist es auch gewesen, die mir überhaupt erst den Anstoß zum Schreiben gegeben hat. Ohne Gunhild gäbe es meine Bücher nicht. Gunhild ist selbst Autorin, wenn Sie sich für Nordamerika interessieren, dann empfehle ich Ihnen ihre Bücher, die Sie auf ihrer Website www.ghexamer.de finden.

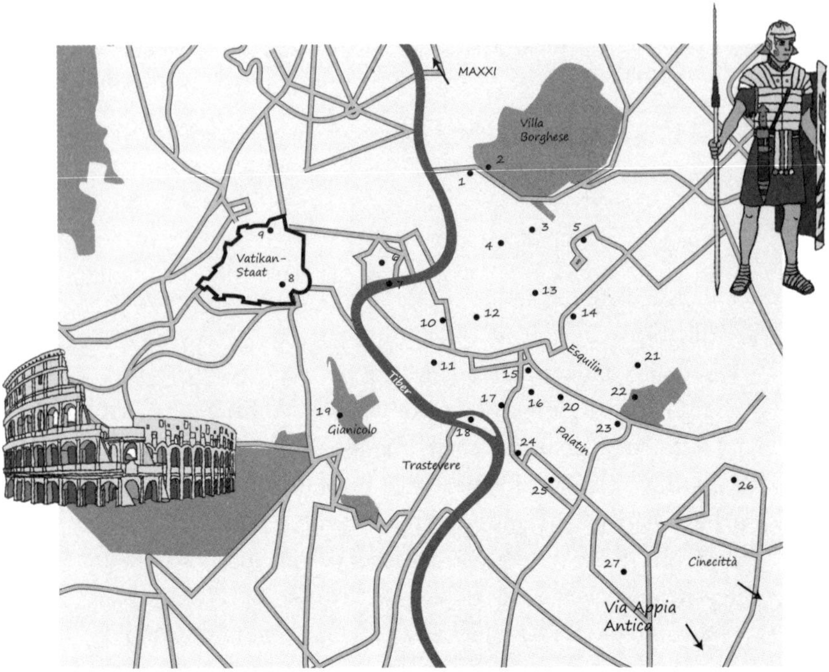

1 Piazza del Popolo
2 Terrazza del Pincio
3 Spanische Treppe
4 Via dei Condotti
5 Santa Maria Immacolata
6 Engelsburg
7 Engelsbrücke
8 Petersdom
9 Vatikanische Museen
10 Piazza Navona
11 Campo de' Fiori
12 Pantheon
13 Fontana di Trevi
14 Quirinalspalast
15 Viktor-Emanuel-Denkmal / Piazza Venezia
16 Kapitol
17 Marcellustheater
18 Tiberinsel
19 Belvedere del Gianicolo
20 Forum Romanum
21 San Pietro in Vincoli
22 Domus Aurea
23 Kolosseum
24 Bocca della Verità
25 Circus Maximus
26 Lateran
27 Caracalla-Thermen

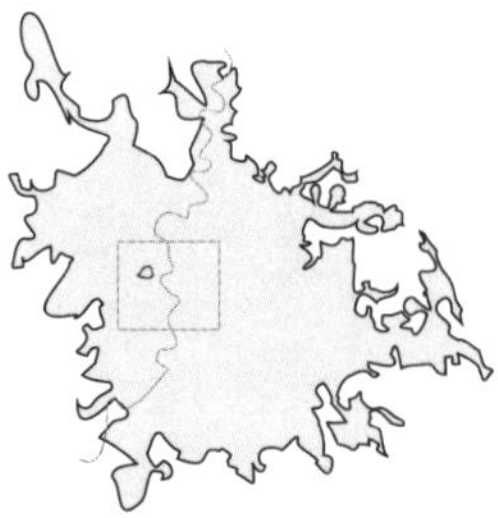

azza del Popolo

ugustus

Obelisk auf der Piazza del Popolo

Cestius-Pyramide

Engelsbrücke und Engelsburg

Engelsburg

Trevibrunnen

Piazza Navona

Kapitolinische Wölfin und Mark Aurel

Kapitol

Auf dem Vittorio-Emanuele Denkmal

Blick vom Vittorio-Emanuele-Denkmal

Im Kolloseum

Petersplatz

Laokoon-Gruppe

Caffè Greco

Blick vom Palatin

Fontana della Barcaccia und Spanische Treppe

Blick vom Palatin

Bocca della Verità

Blick vom Petersdom

MANA
Die neuen Reise-Lesebücher
REISE · LESEBUCH
Almut Irmscher
Das Ostsee-Lesebuch
Impressionen und Rezepte
von der deutschen Ostseeküste
MANA
Gunhild Hexamer
Das USA-Lesebuch
Impressionen und Rezepte
aus dem Land der großen Träume
MANA
... und viele weitere Länder und Städte
CITY · LESEBUCH
Almut Irmscher
Das Rom-Lesebuch
Impressionen und Rezepte
aus der ewigen Stadt
MANA
Almut Irmscher
Das Wien-Lesebuch
Impressionen und Rezepte
aus der Stadt der Donaumonarchie
MANA
Almut Irmscher
Das Hamburg-Lesebuch
Impressionen und Rezepte
aus der Hafenmetropole
MANA